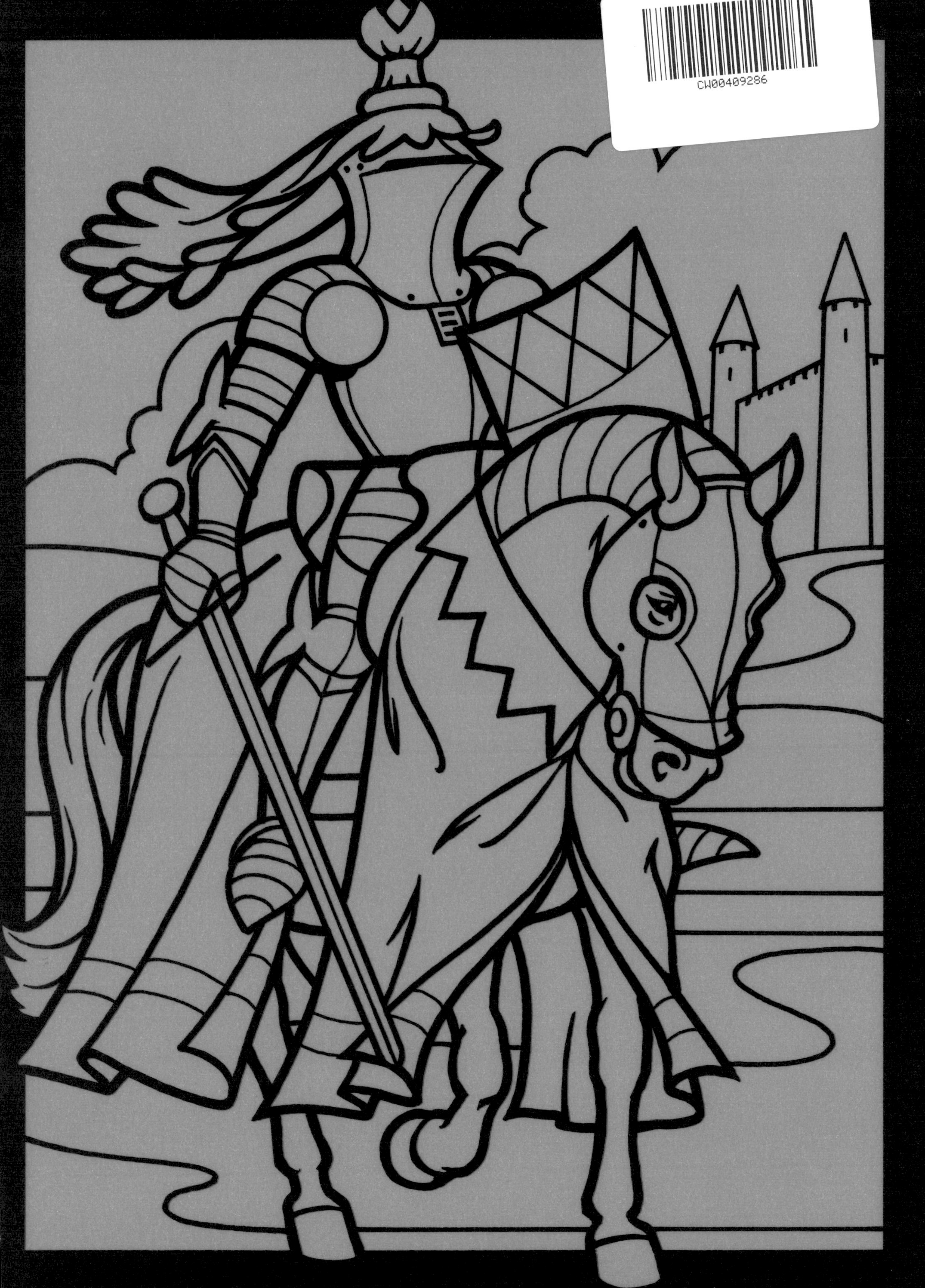

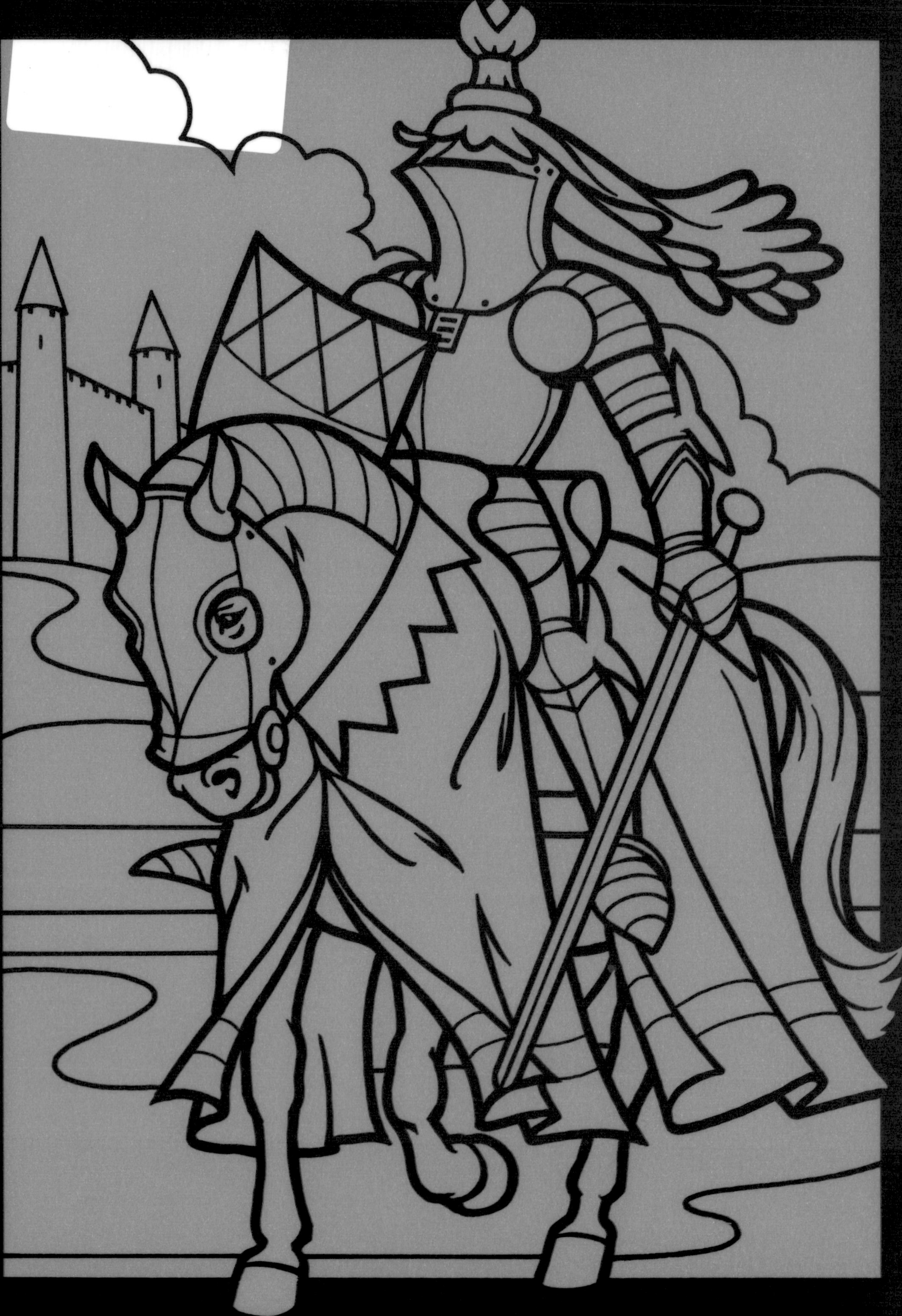

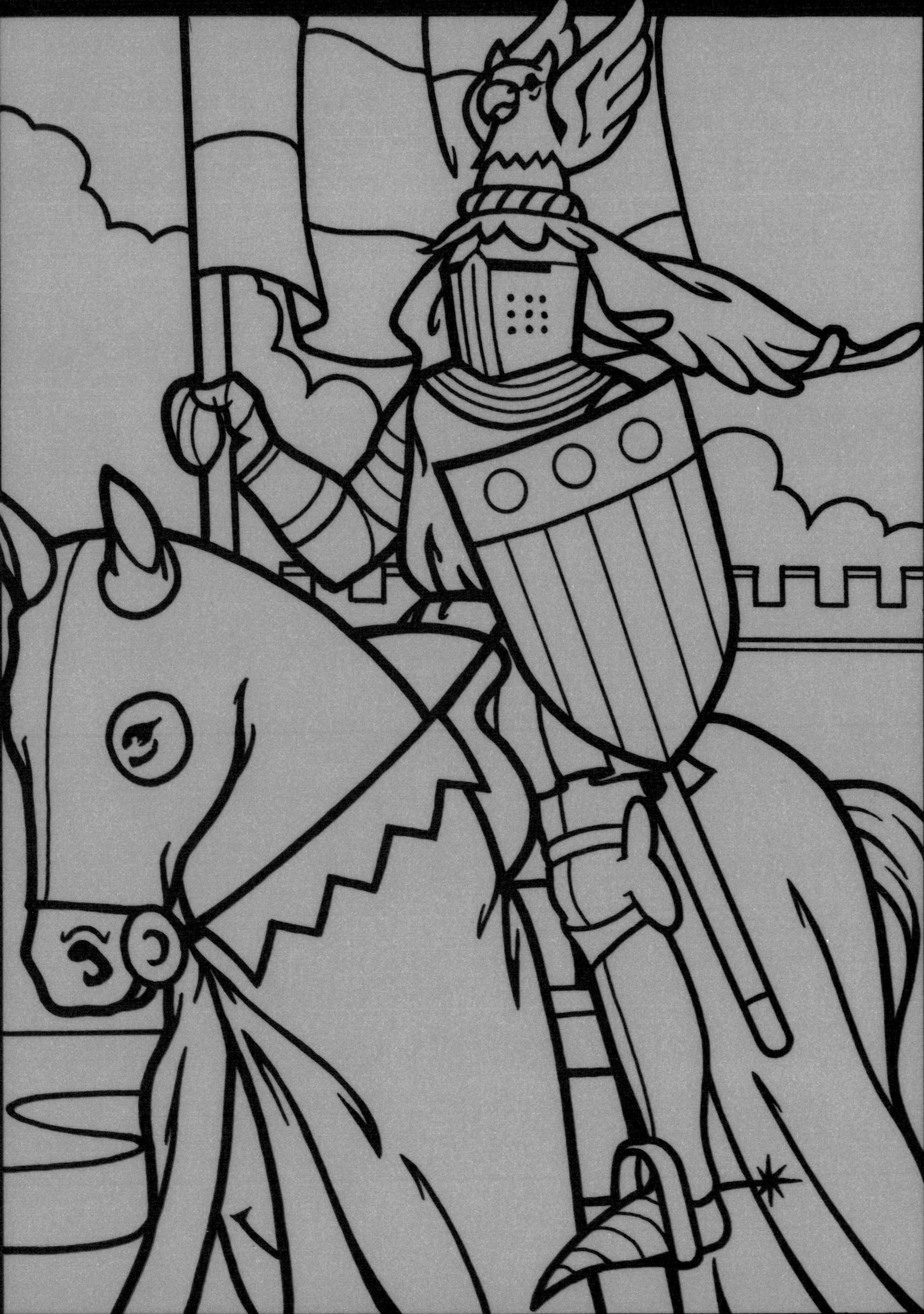

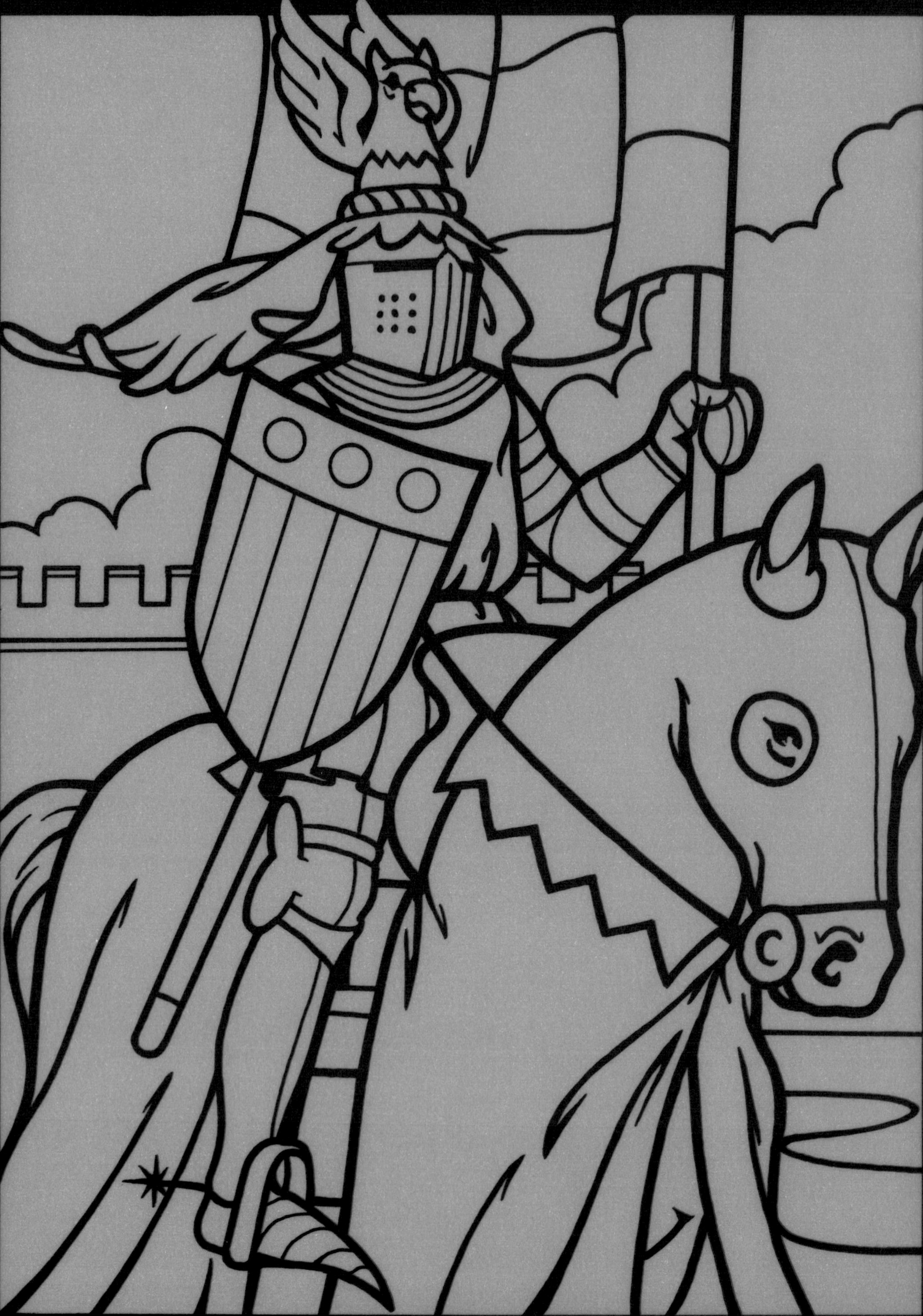

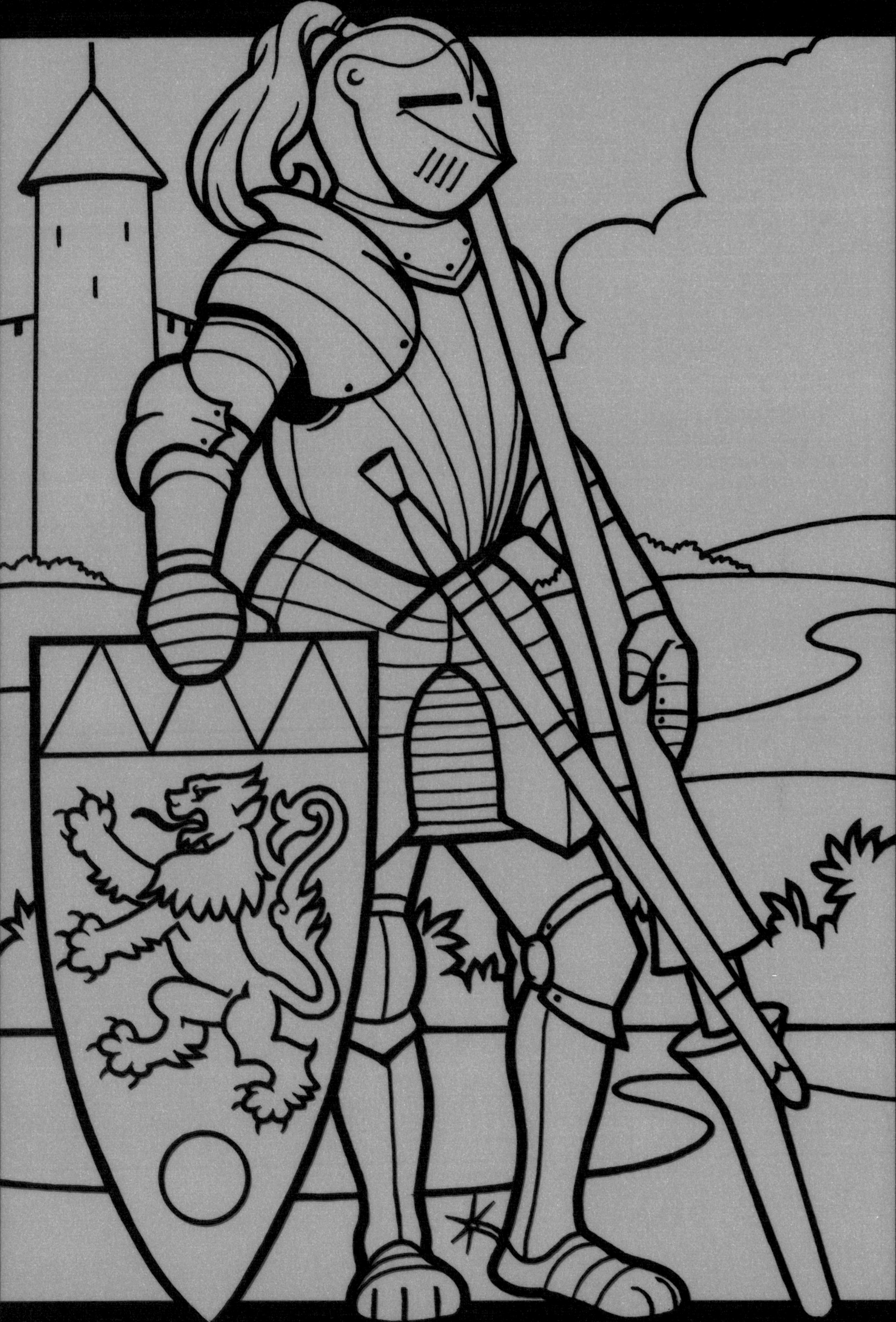

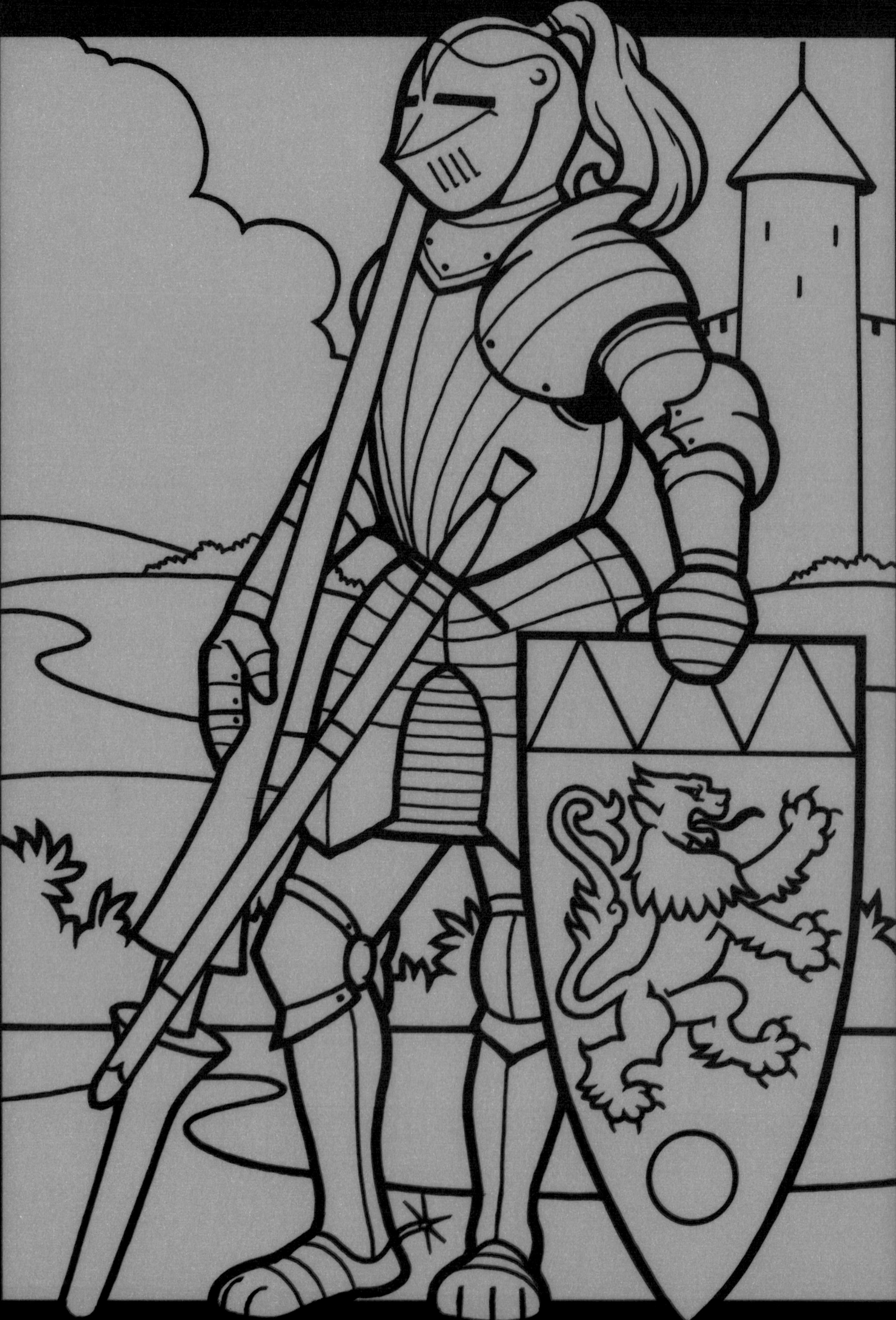

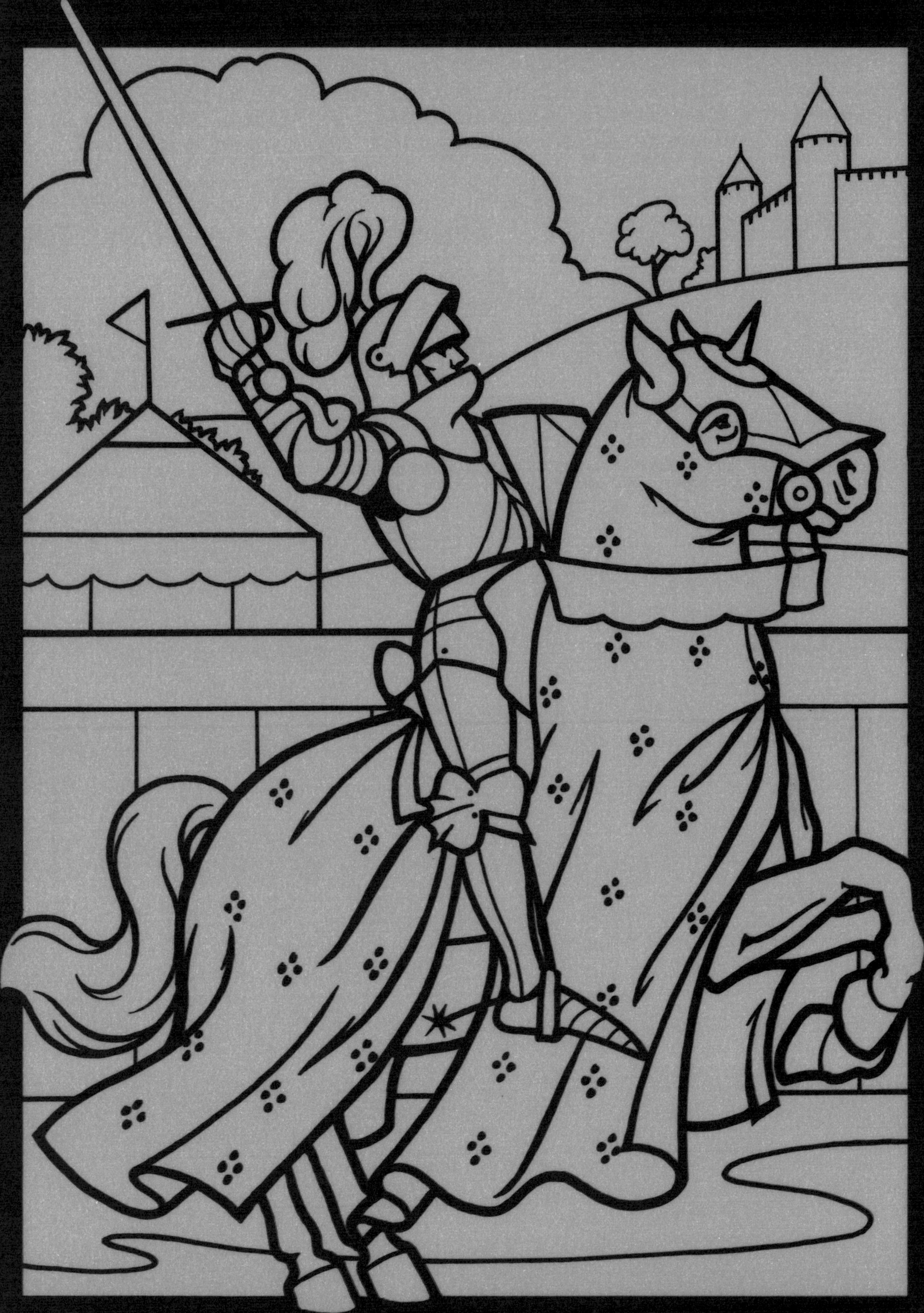

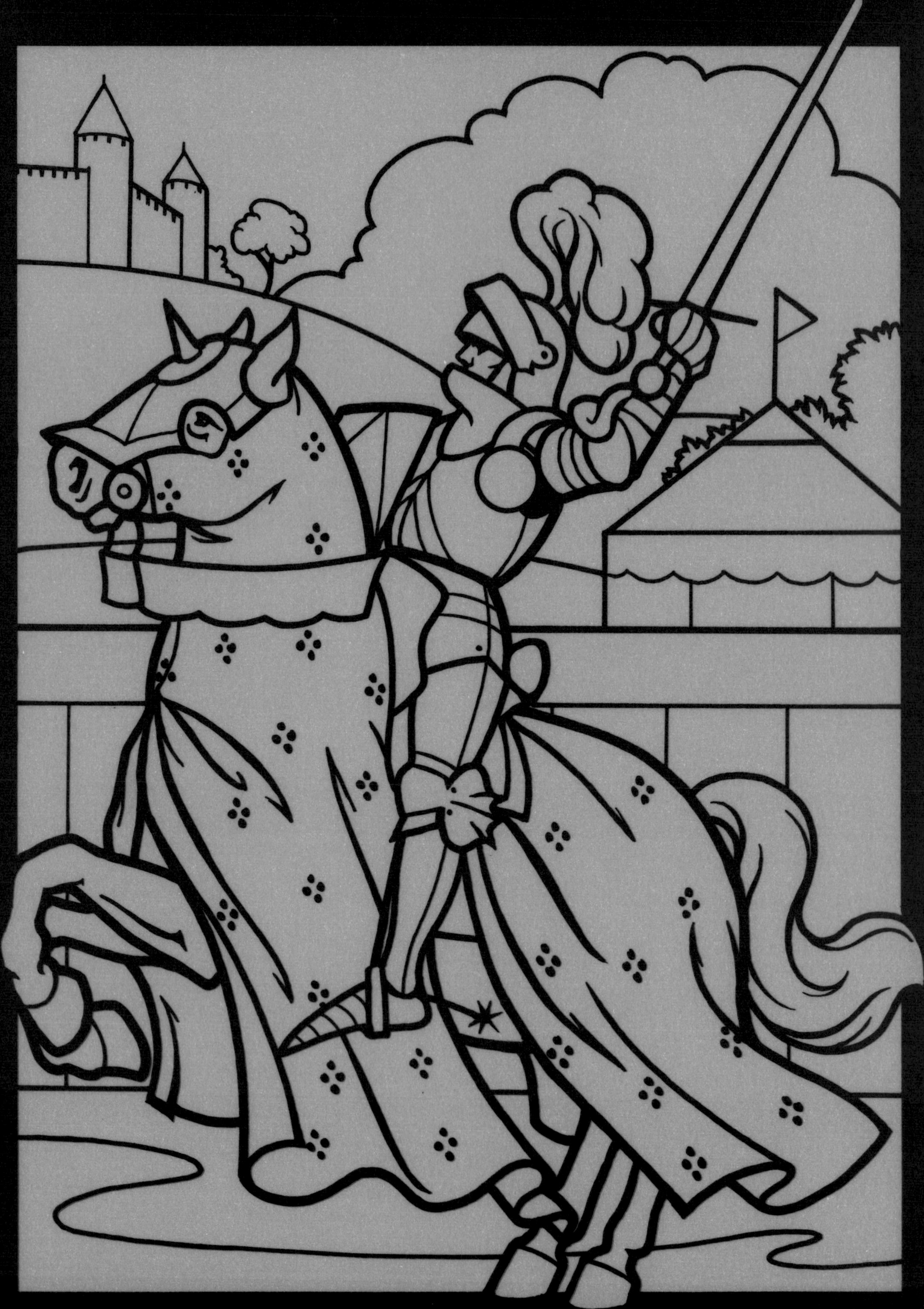

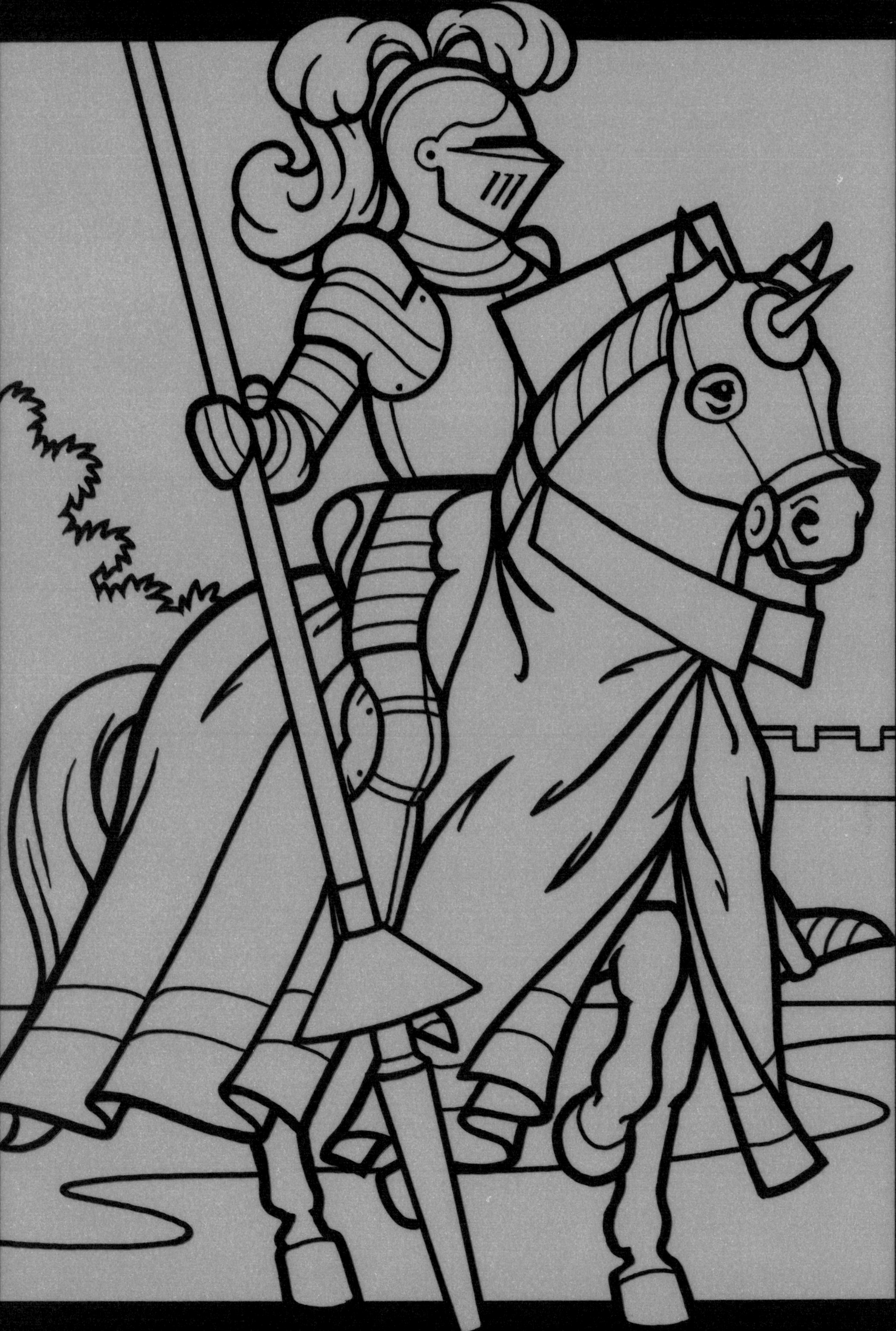

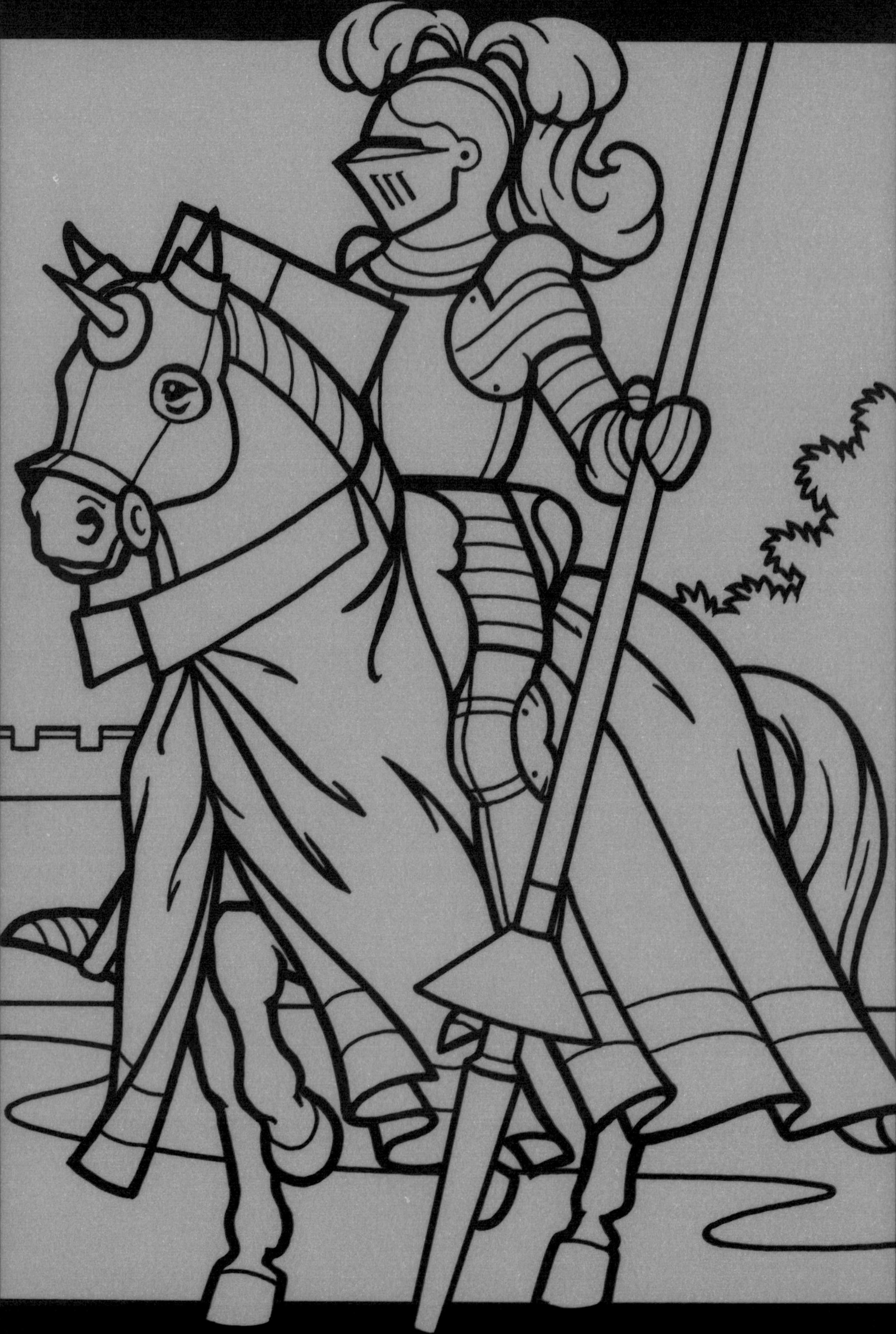

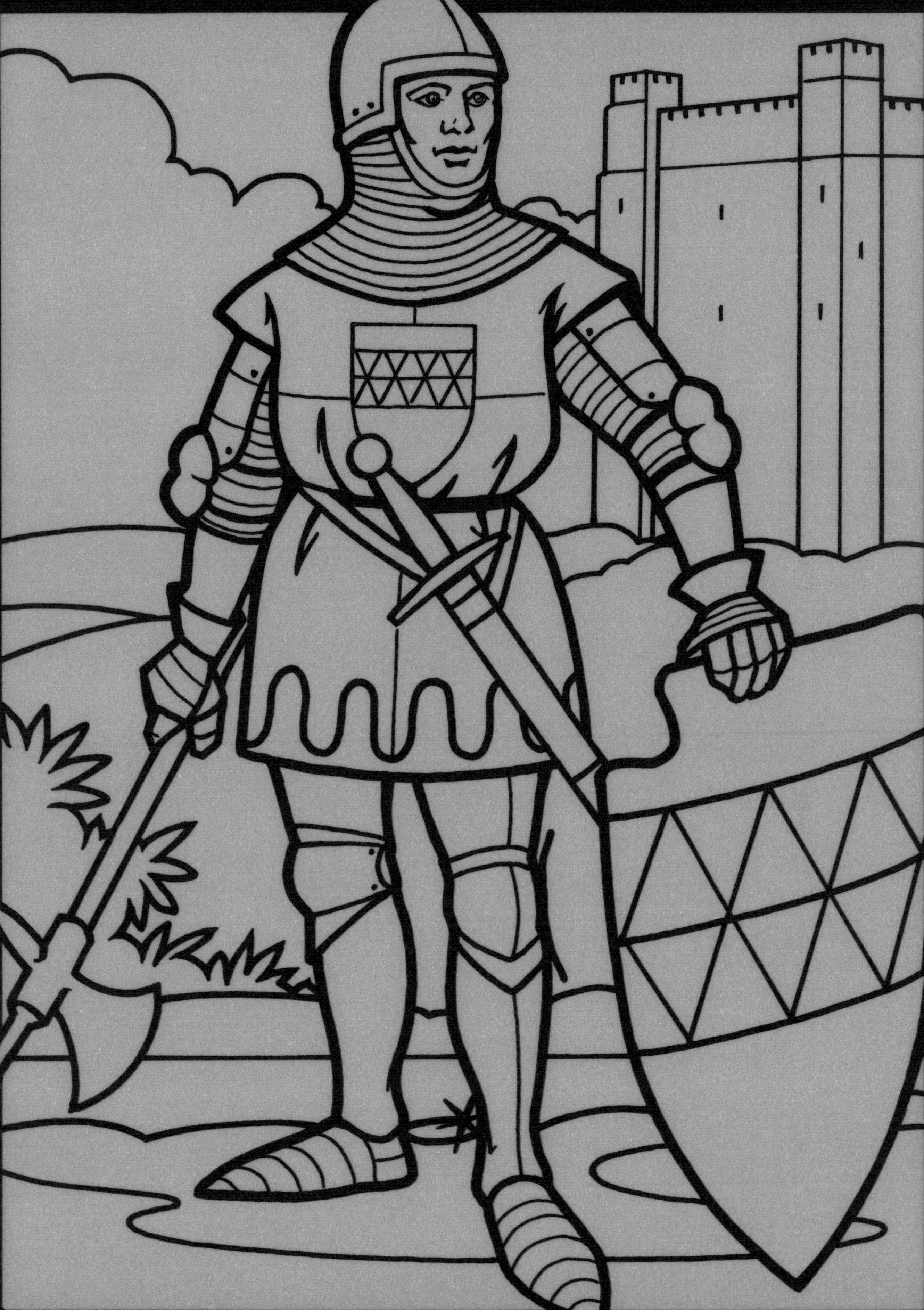

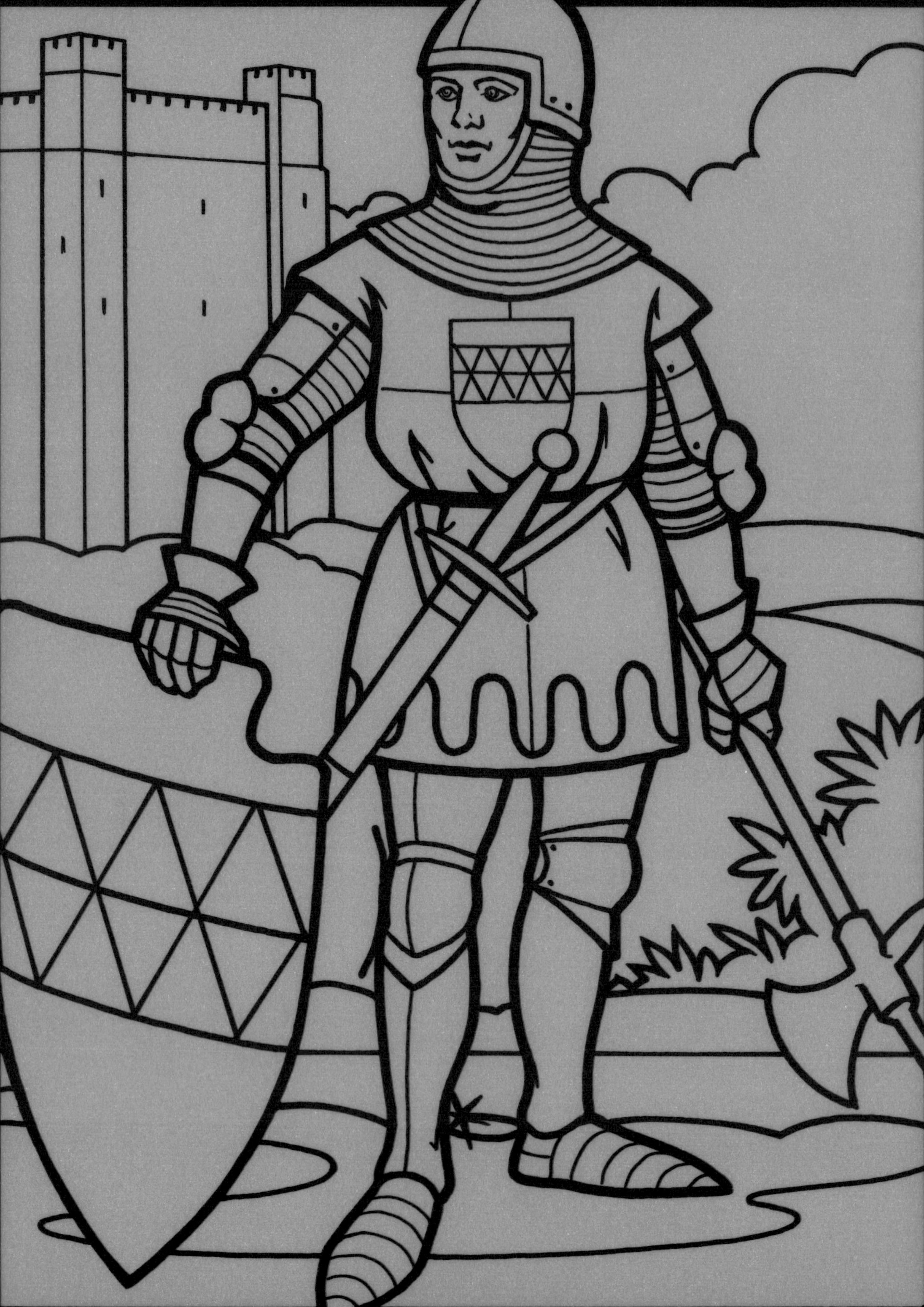

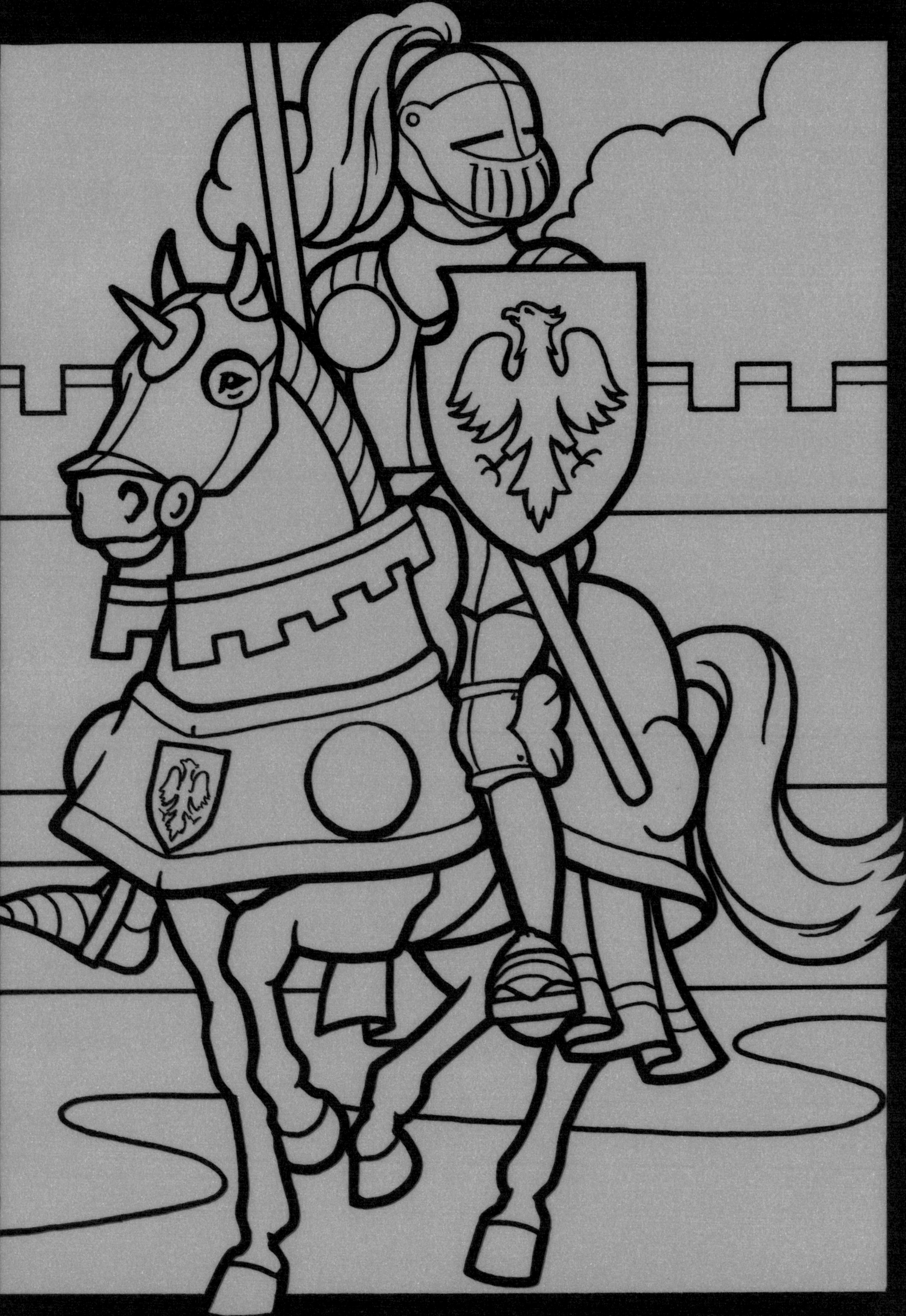

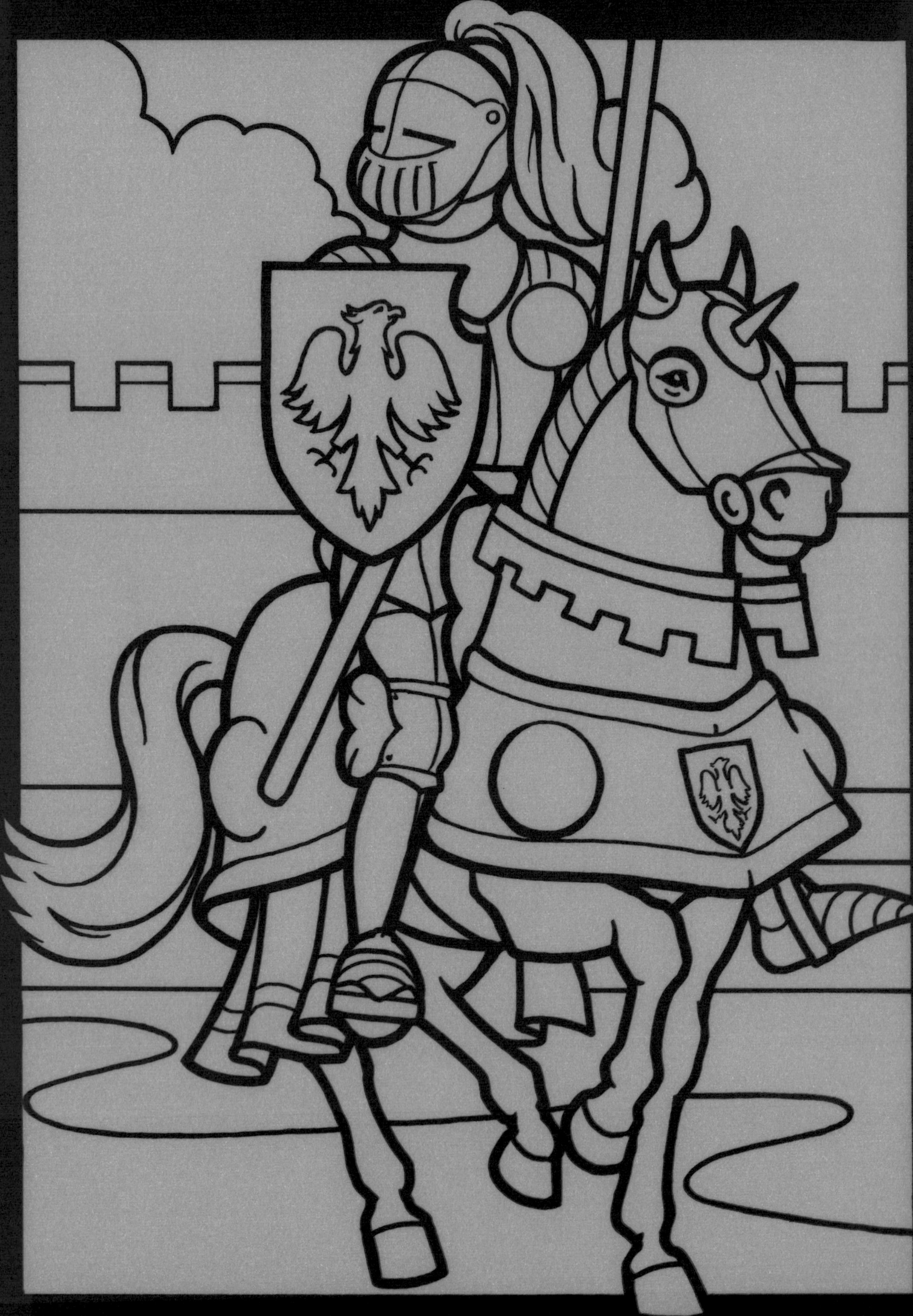

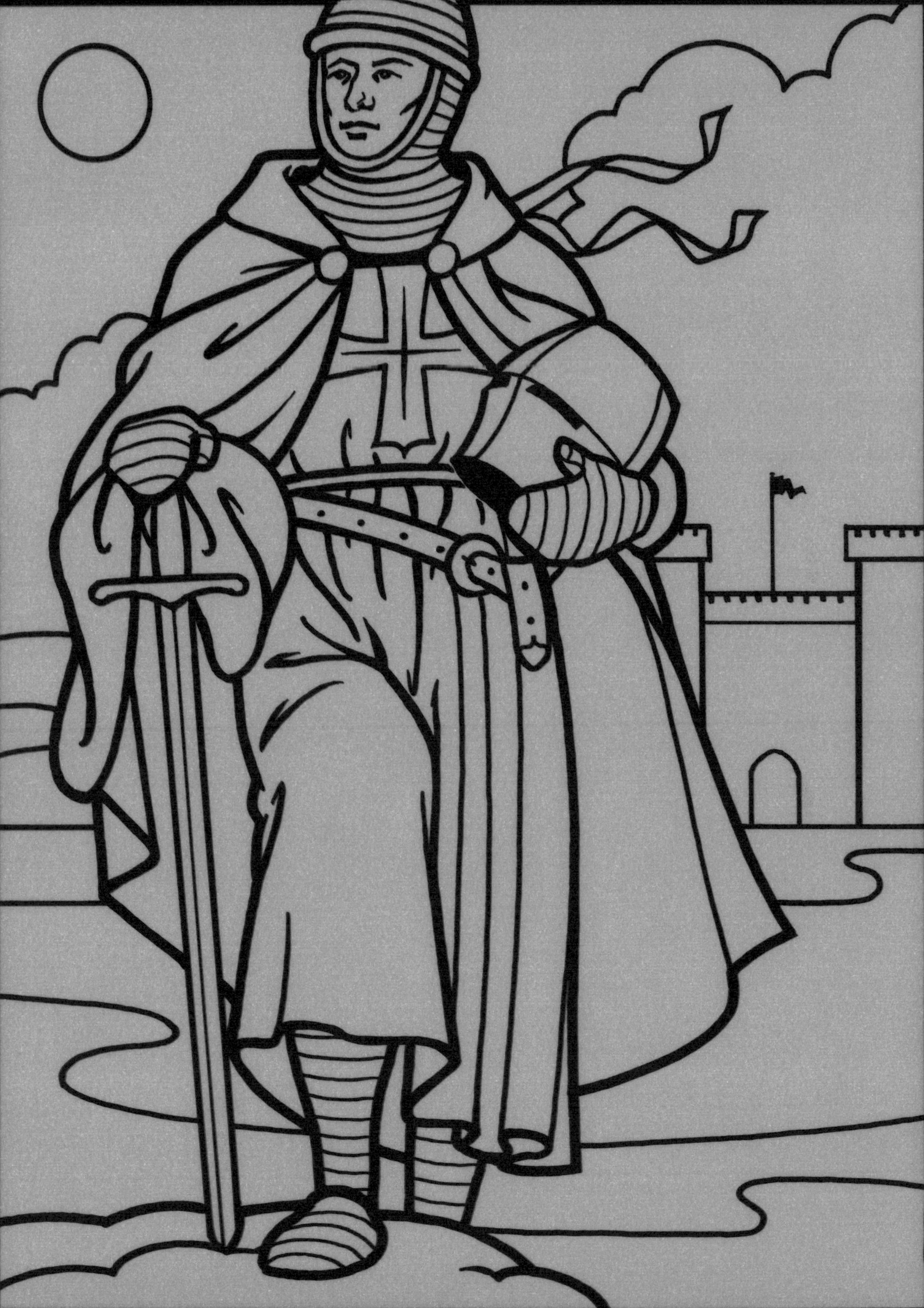

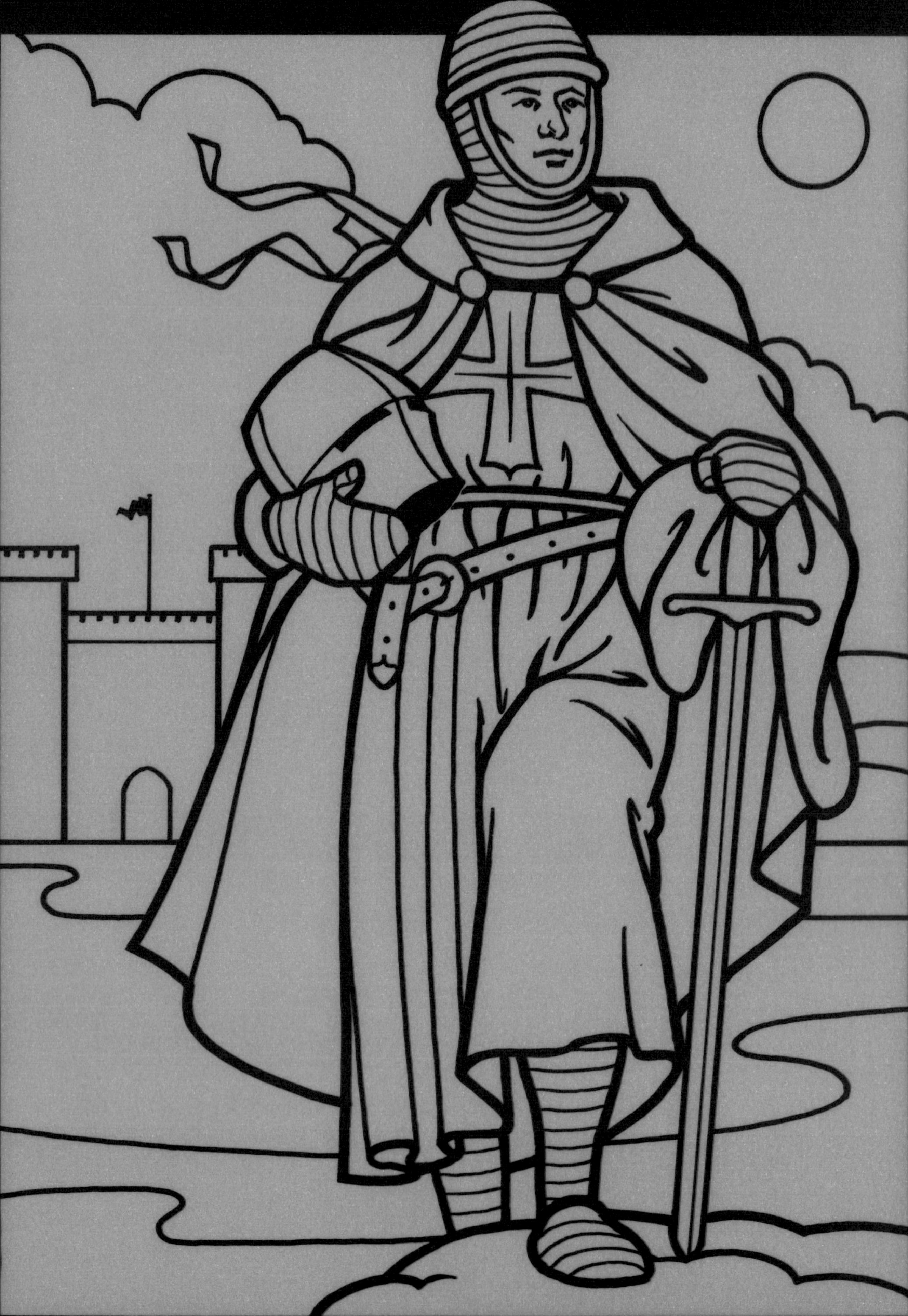

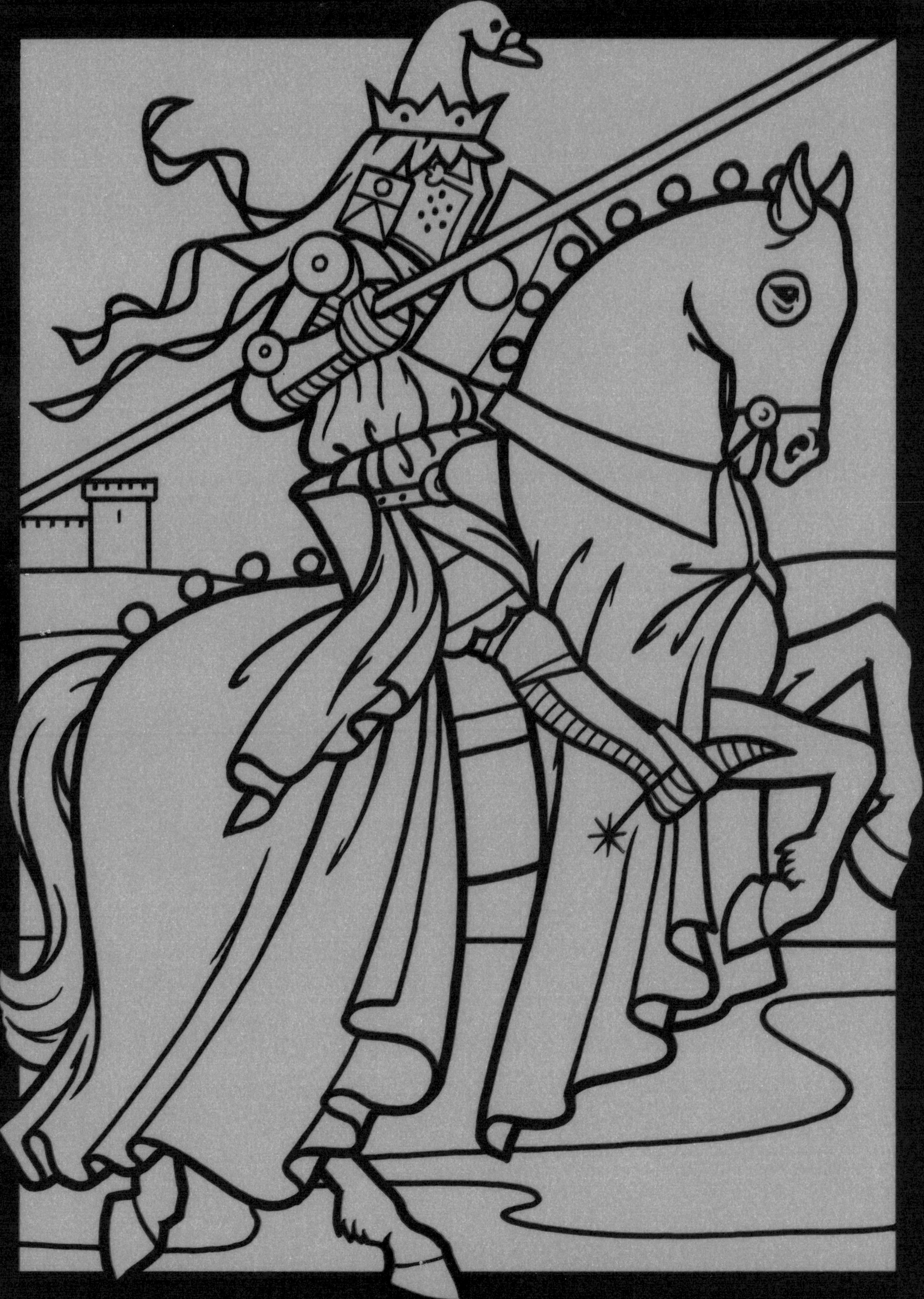

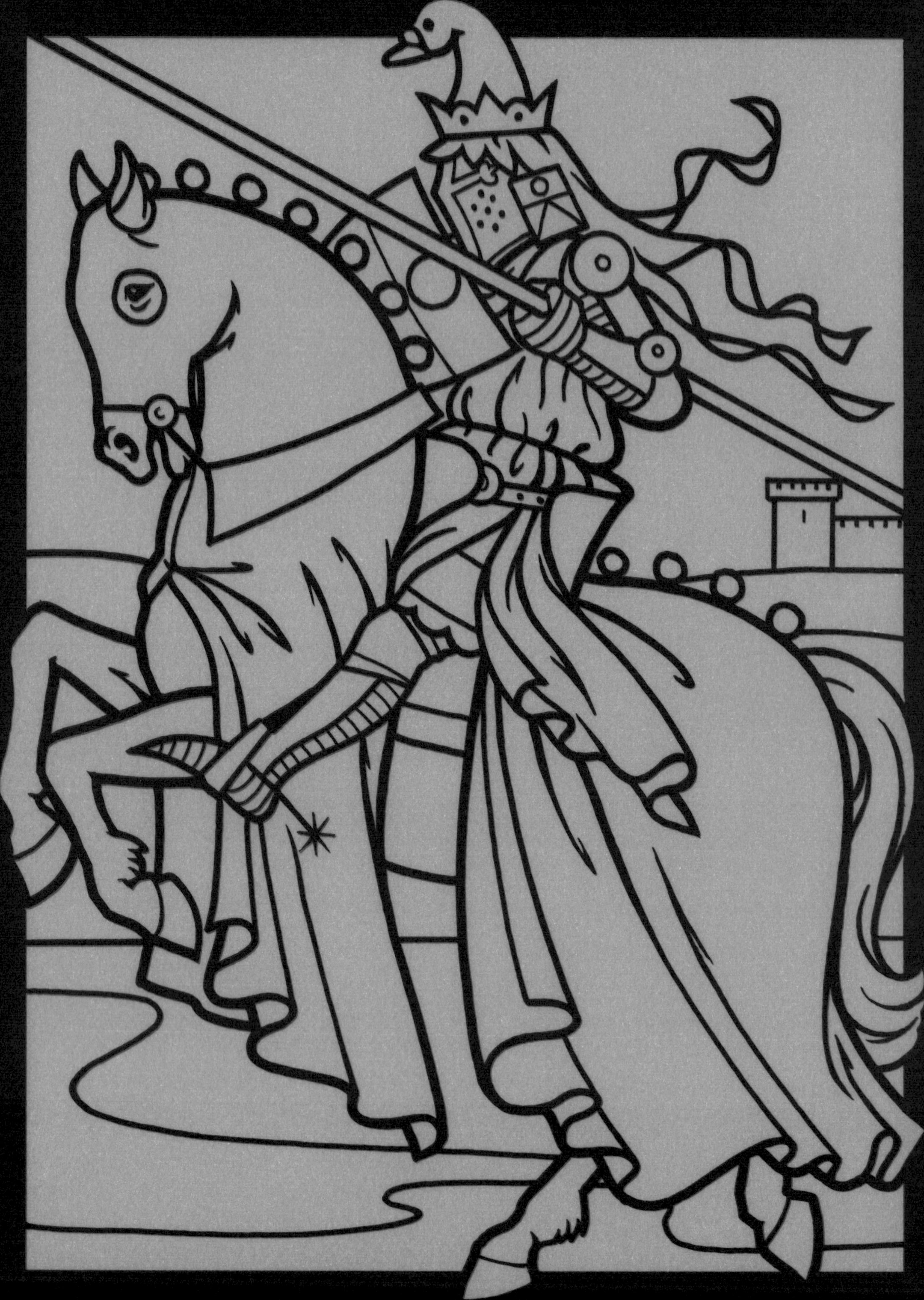

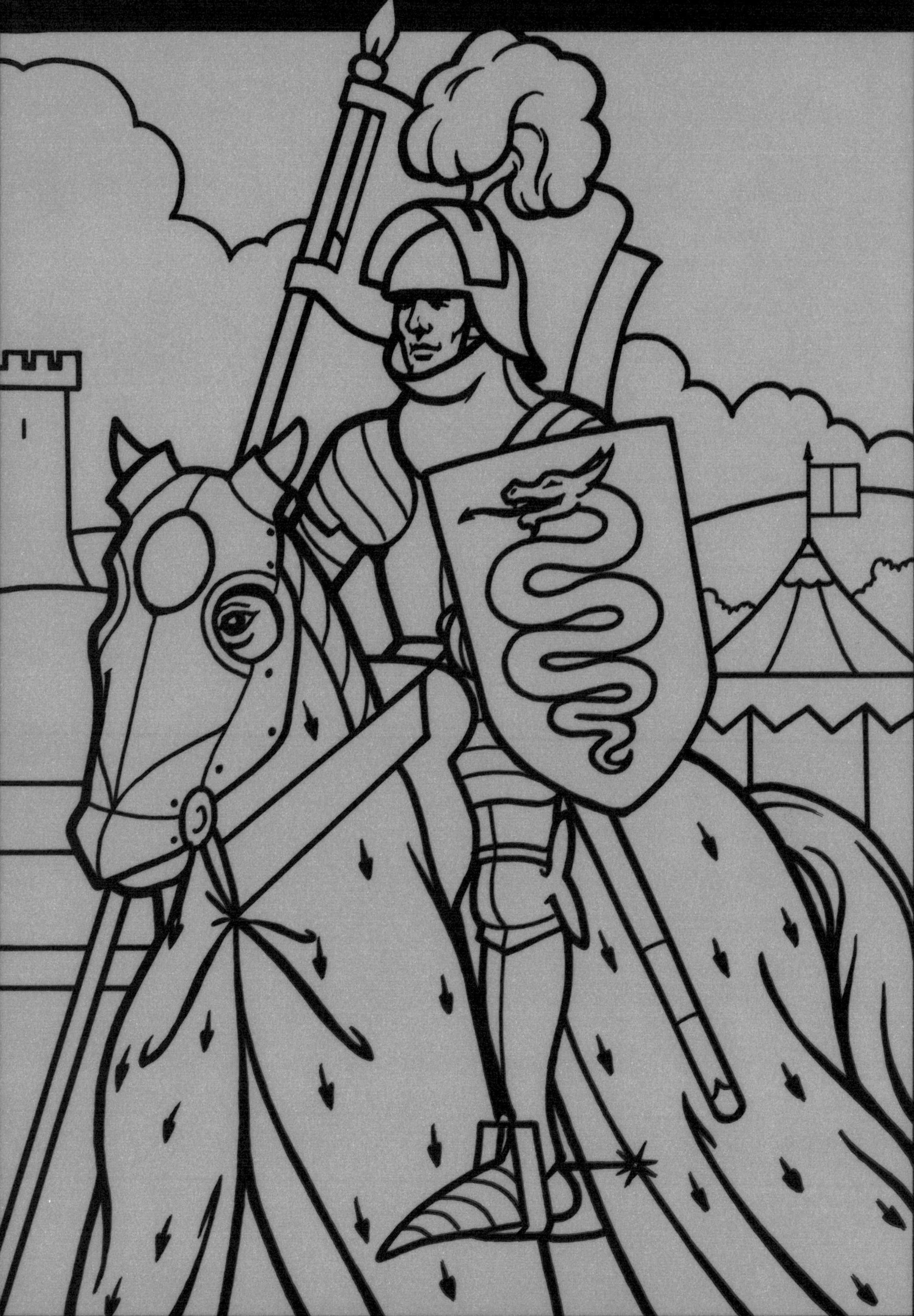

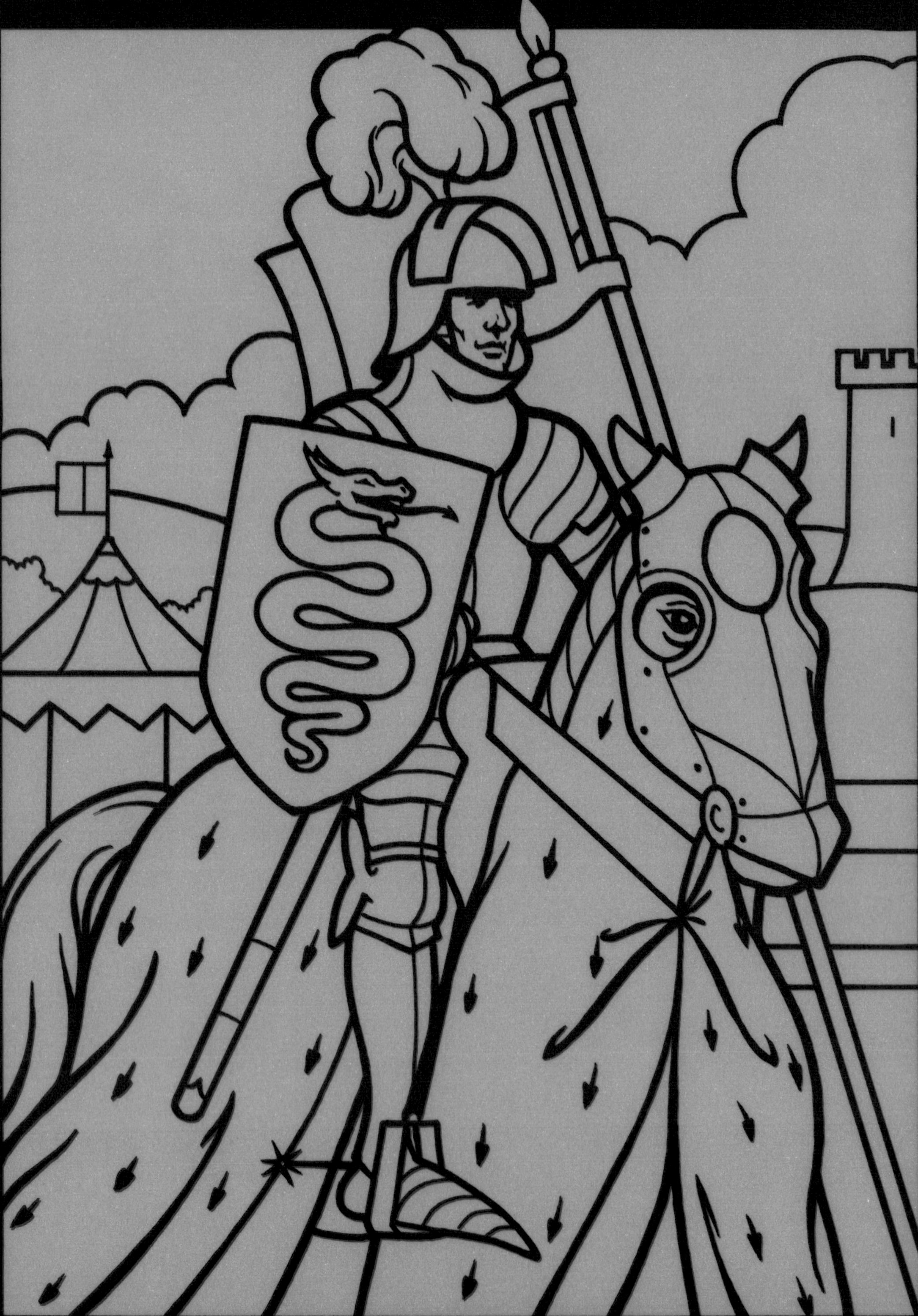

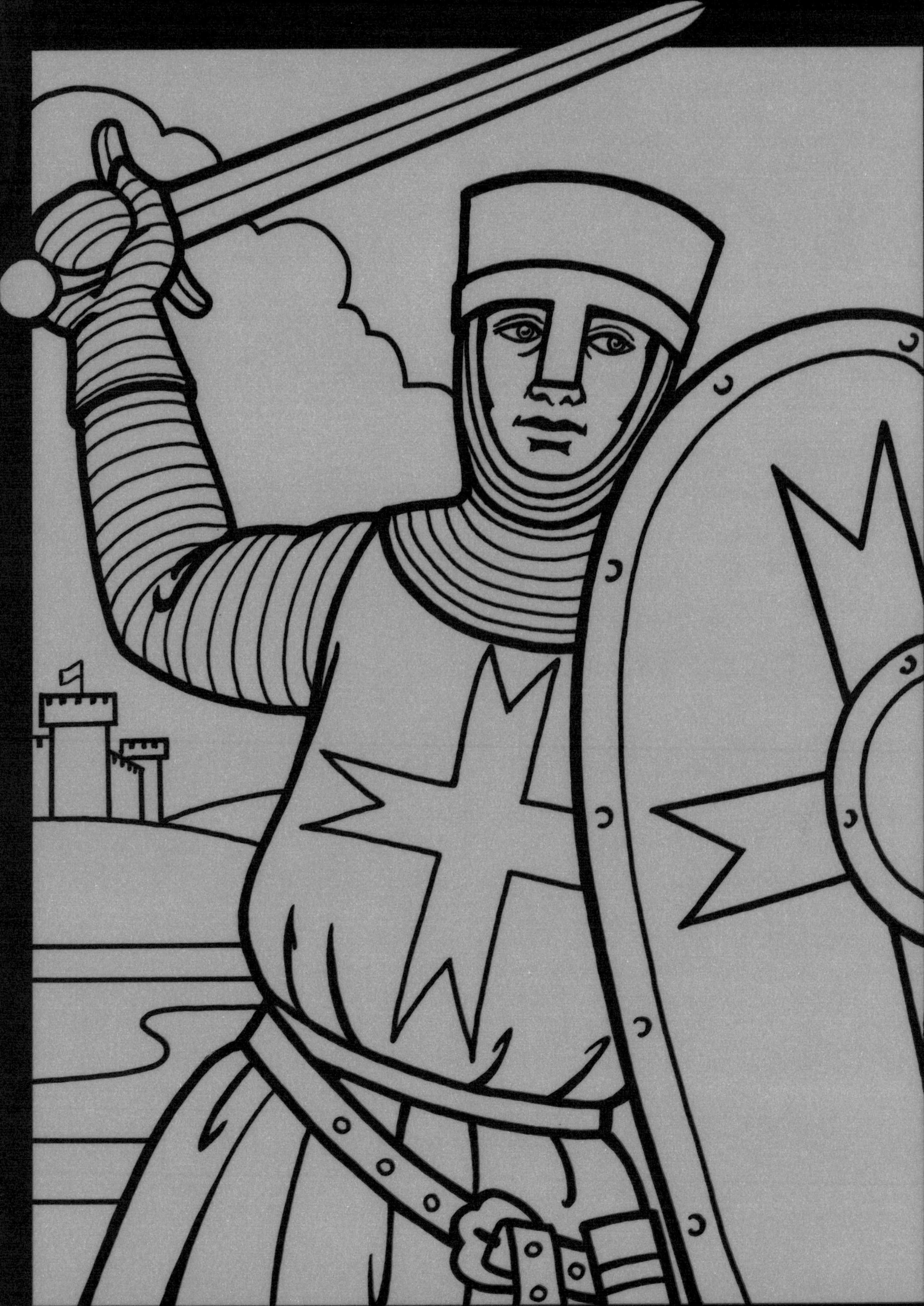

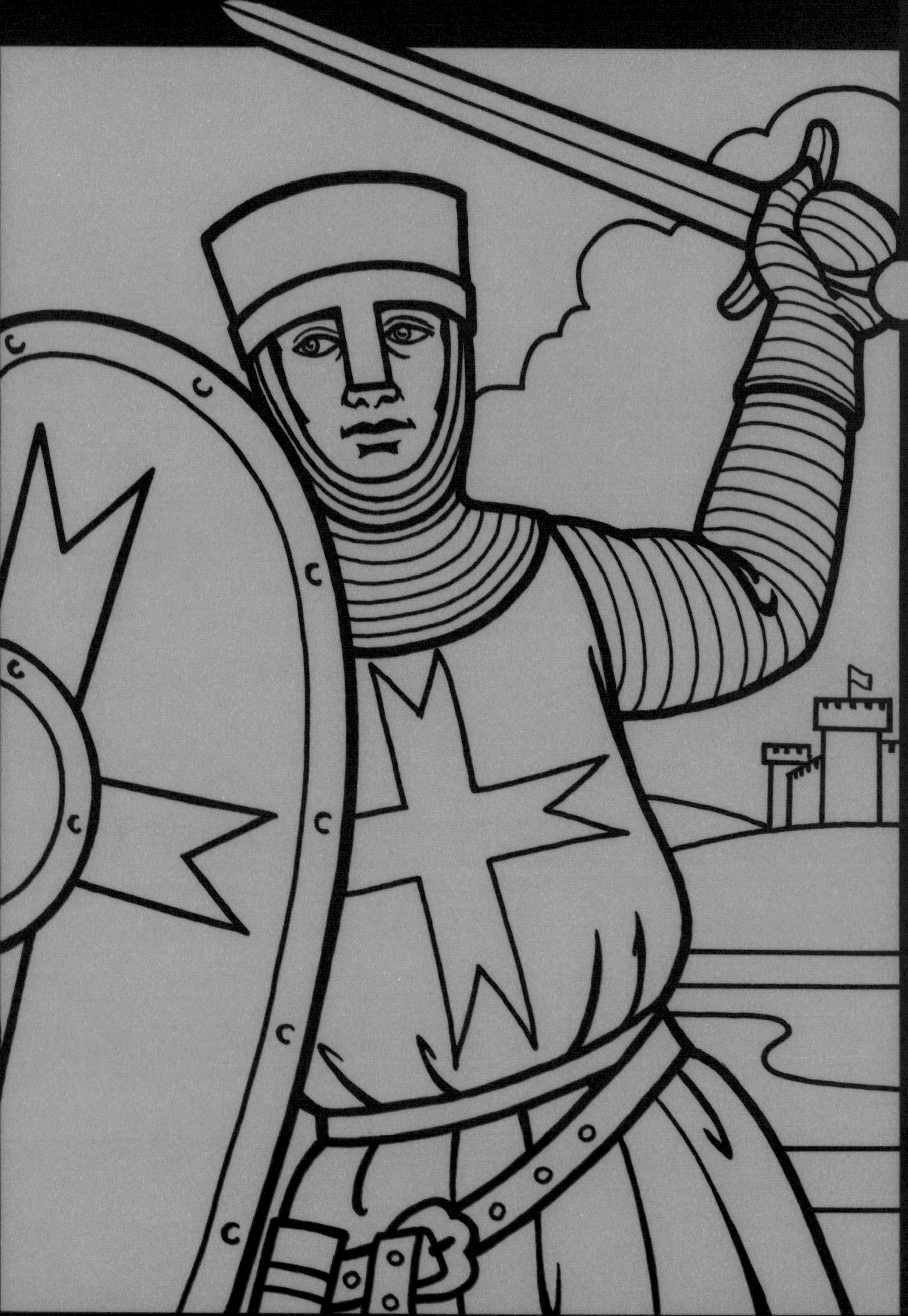

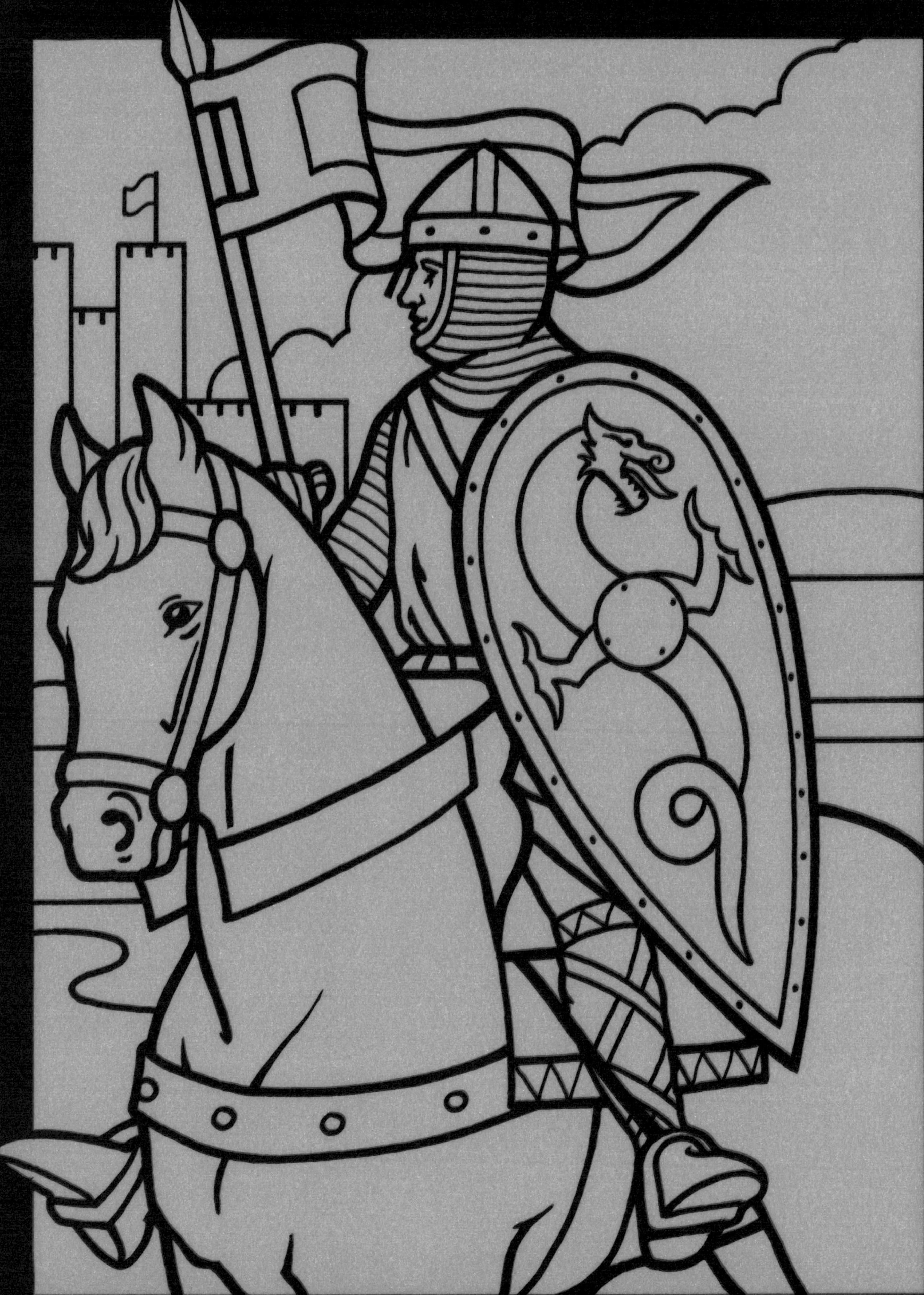

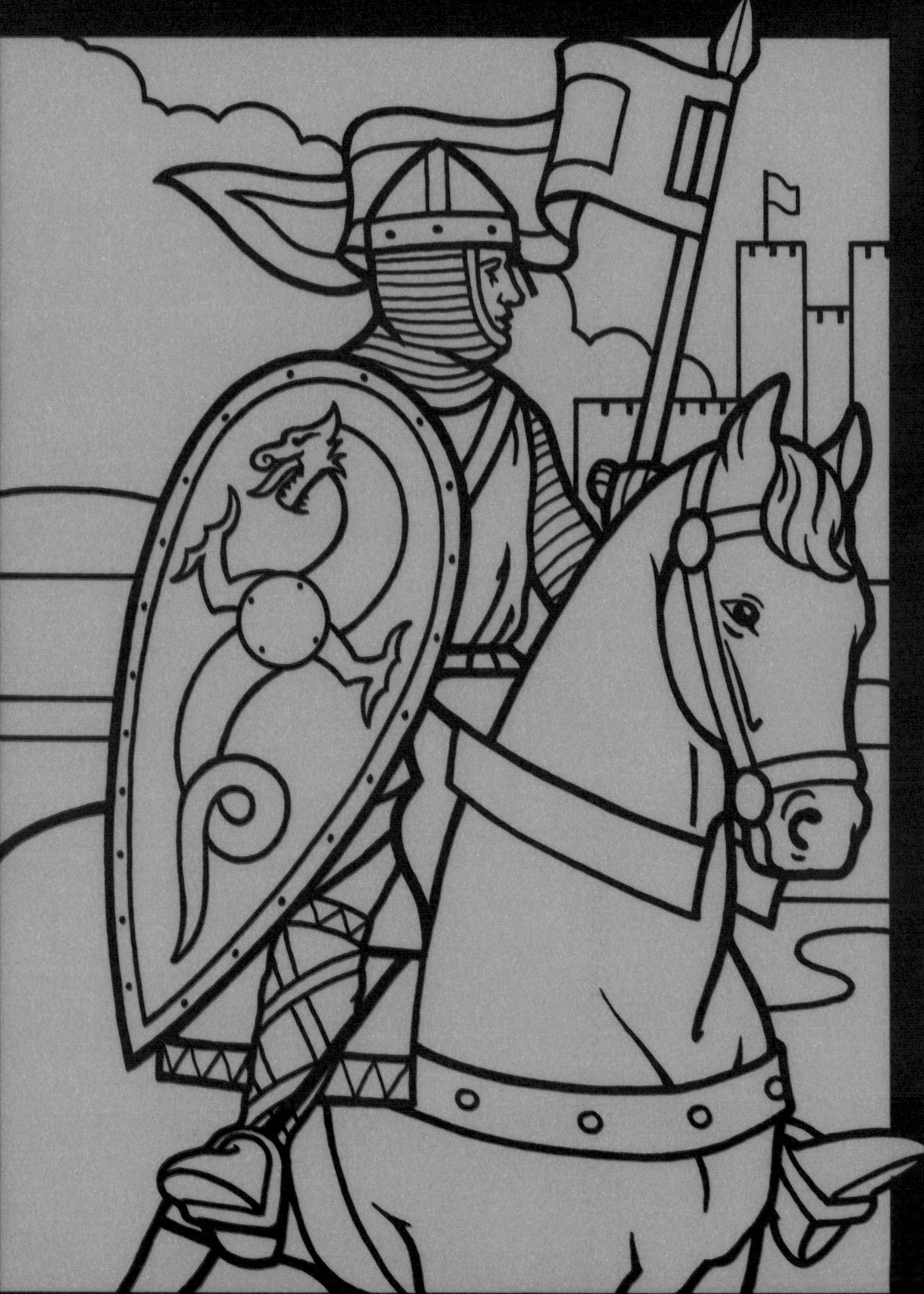

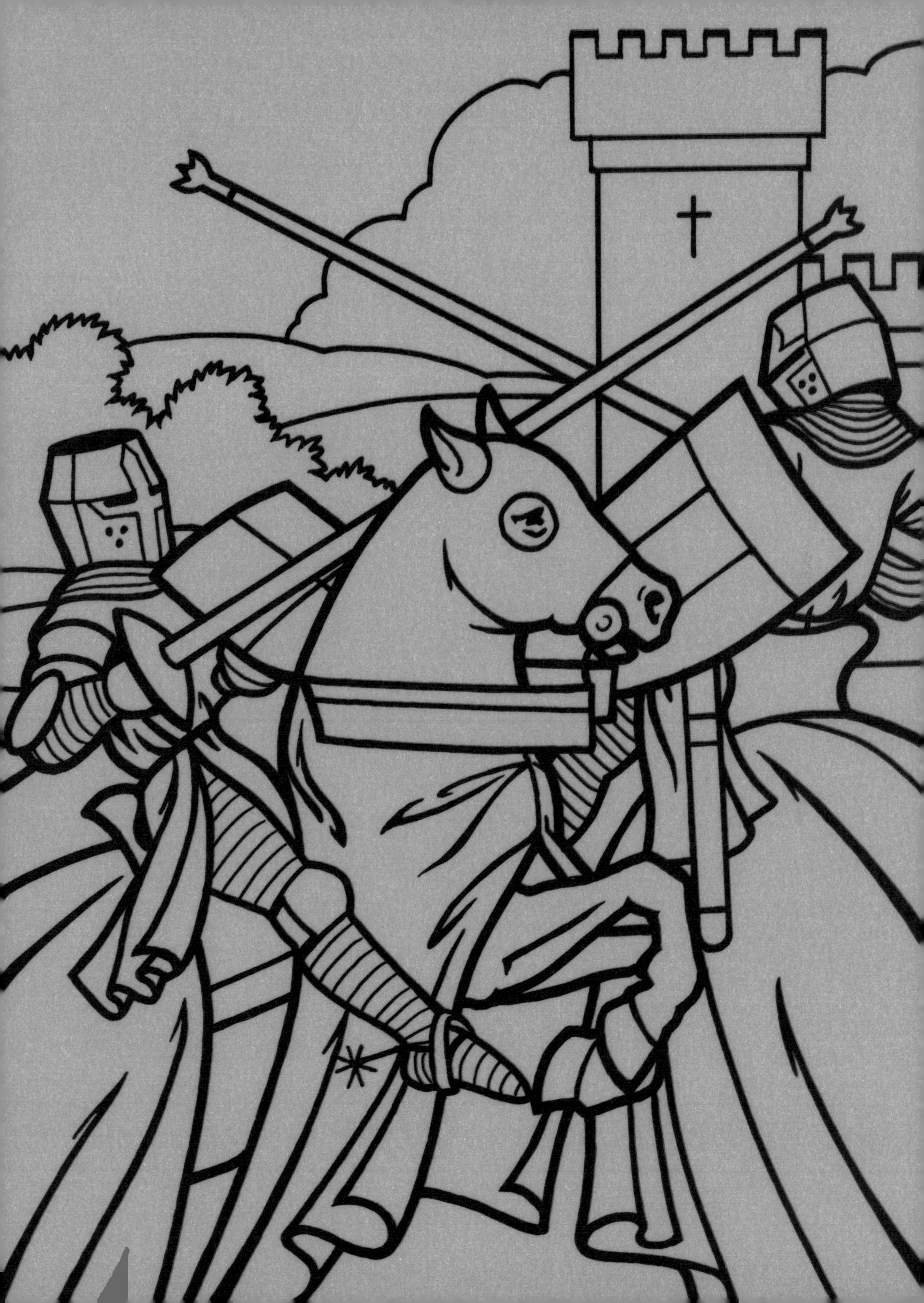

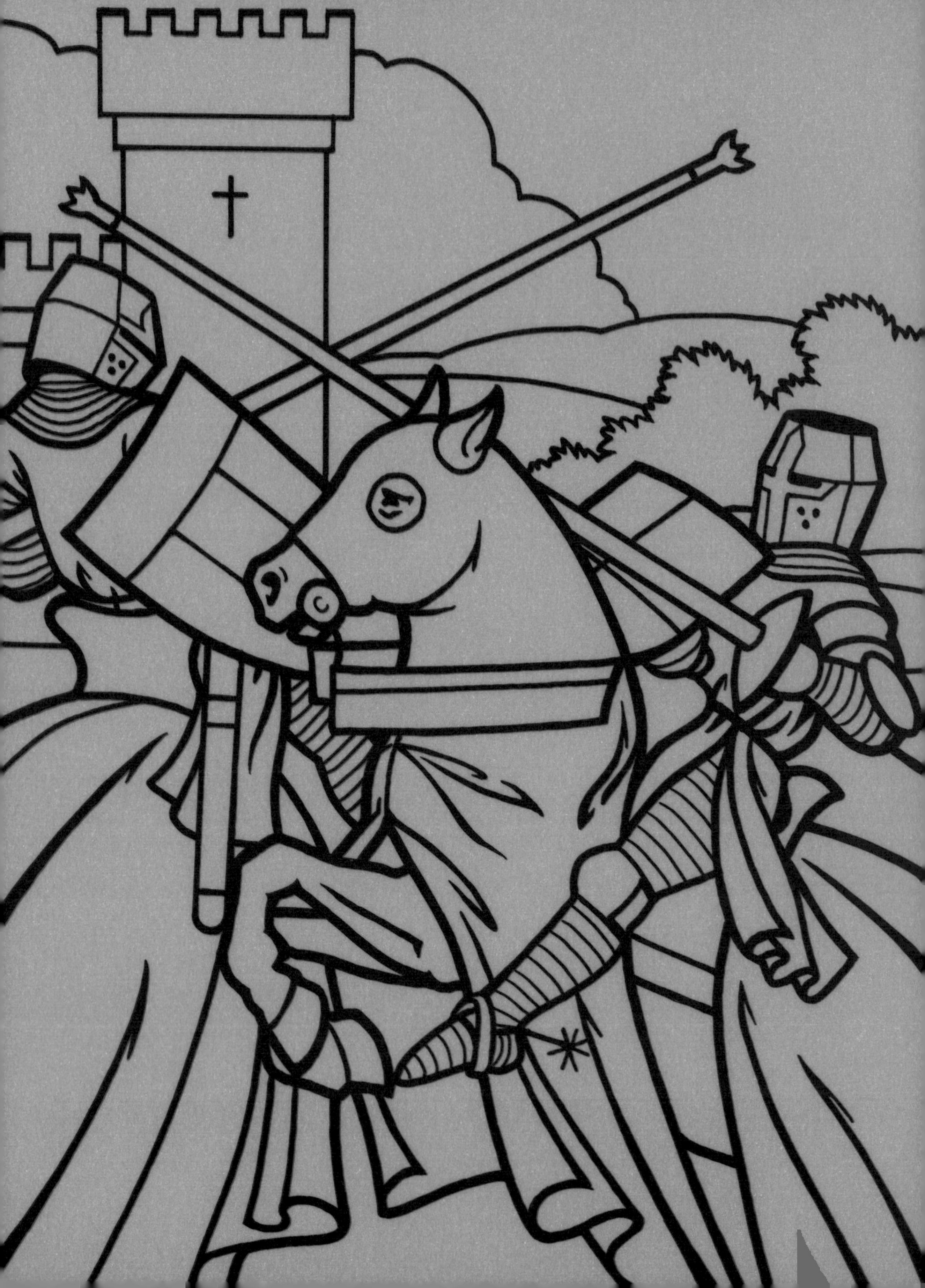

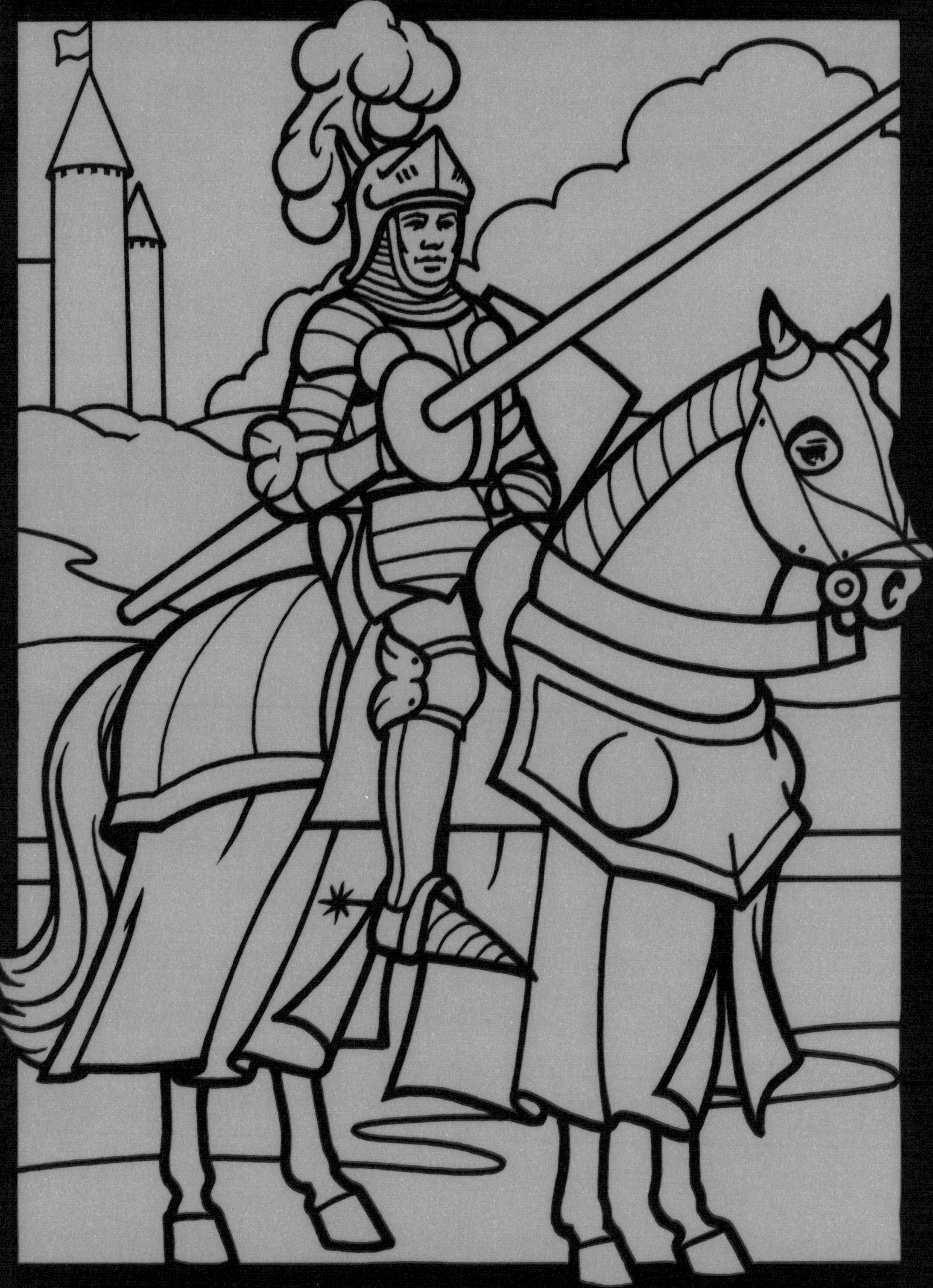

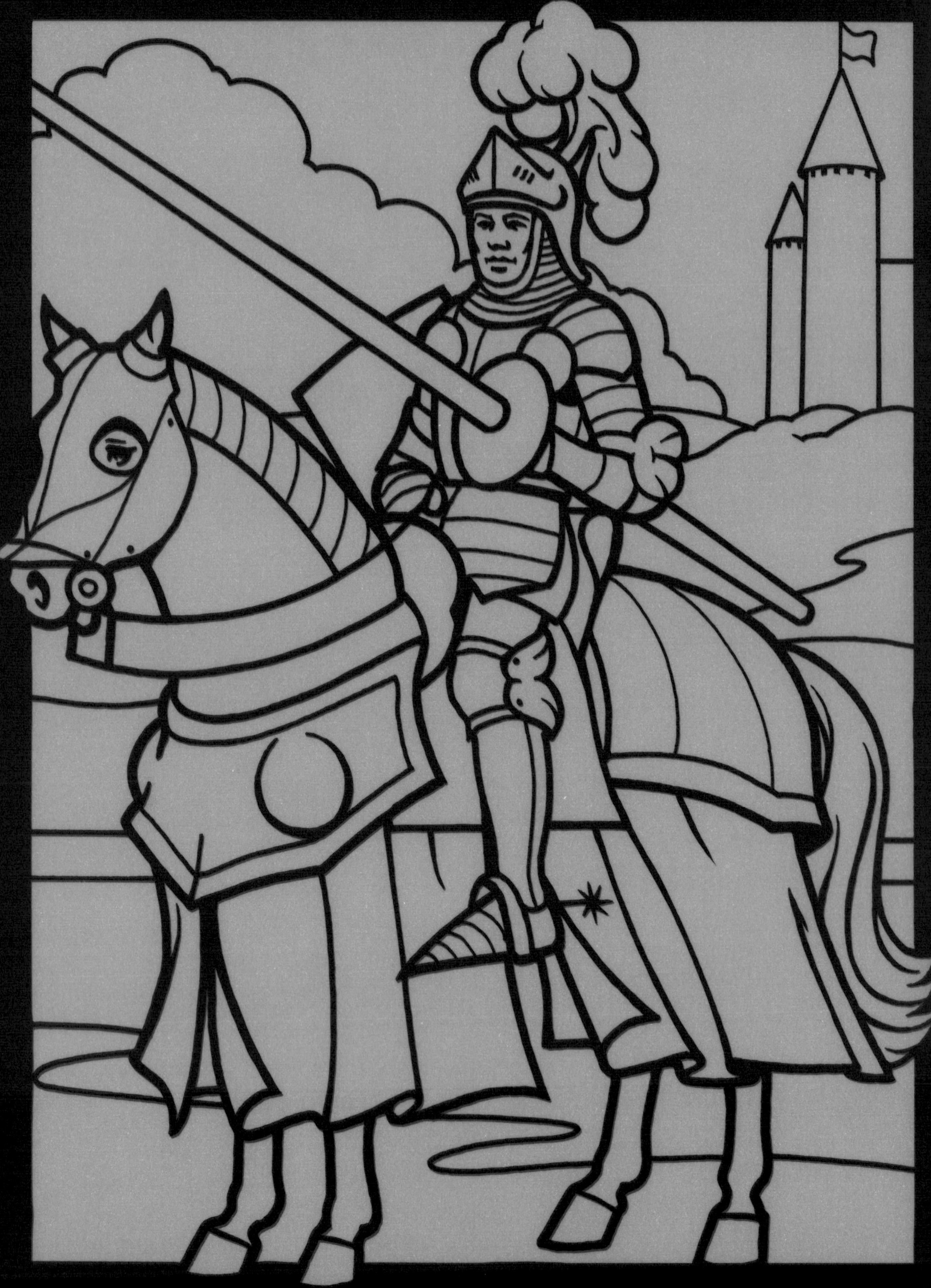

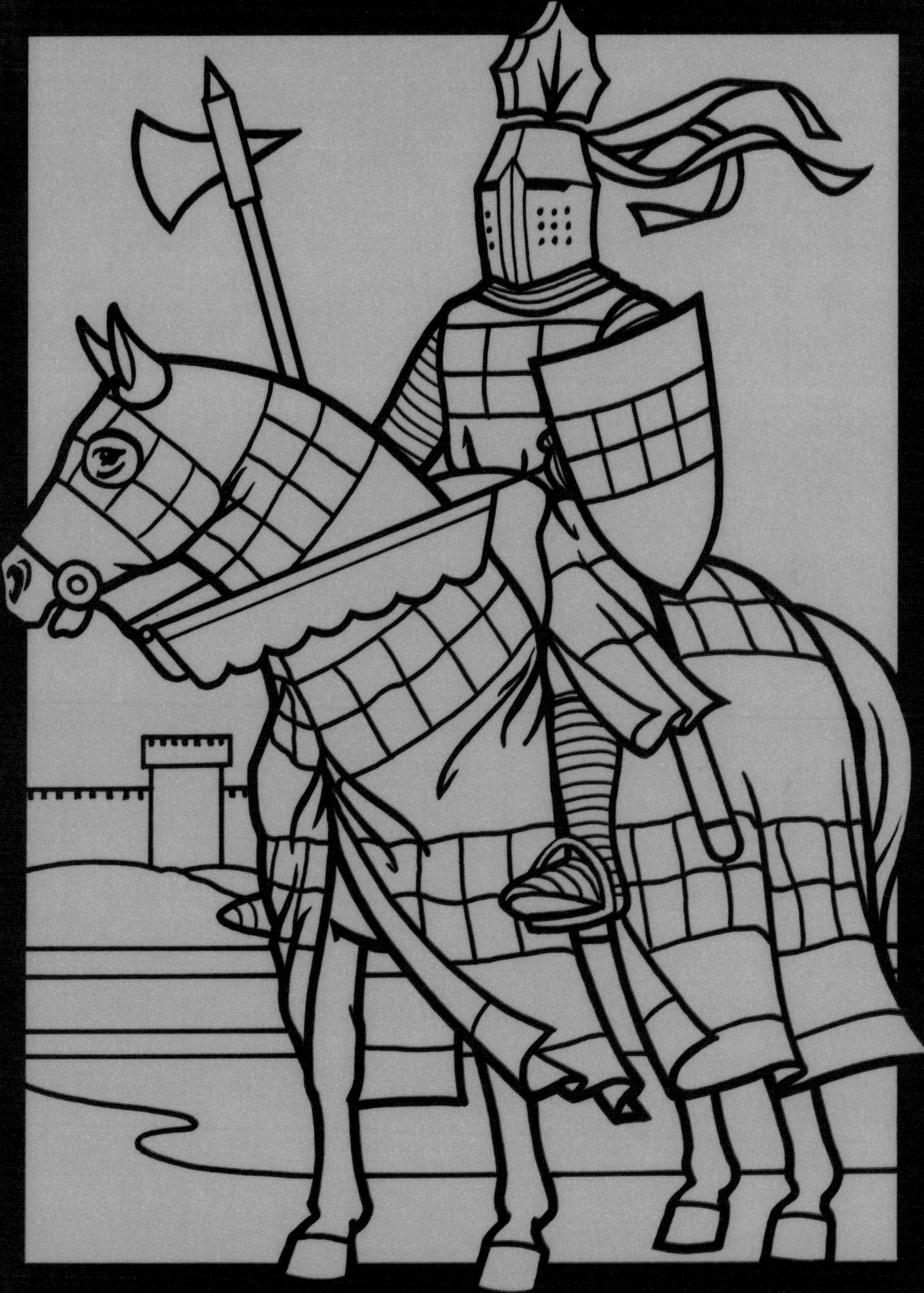

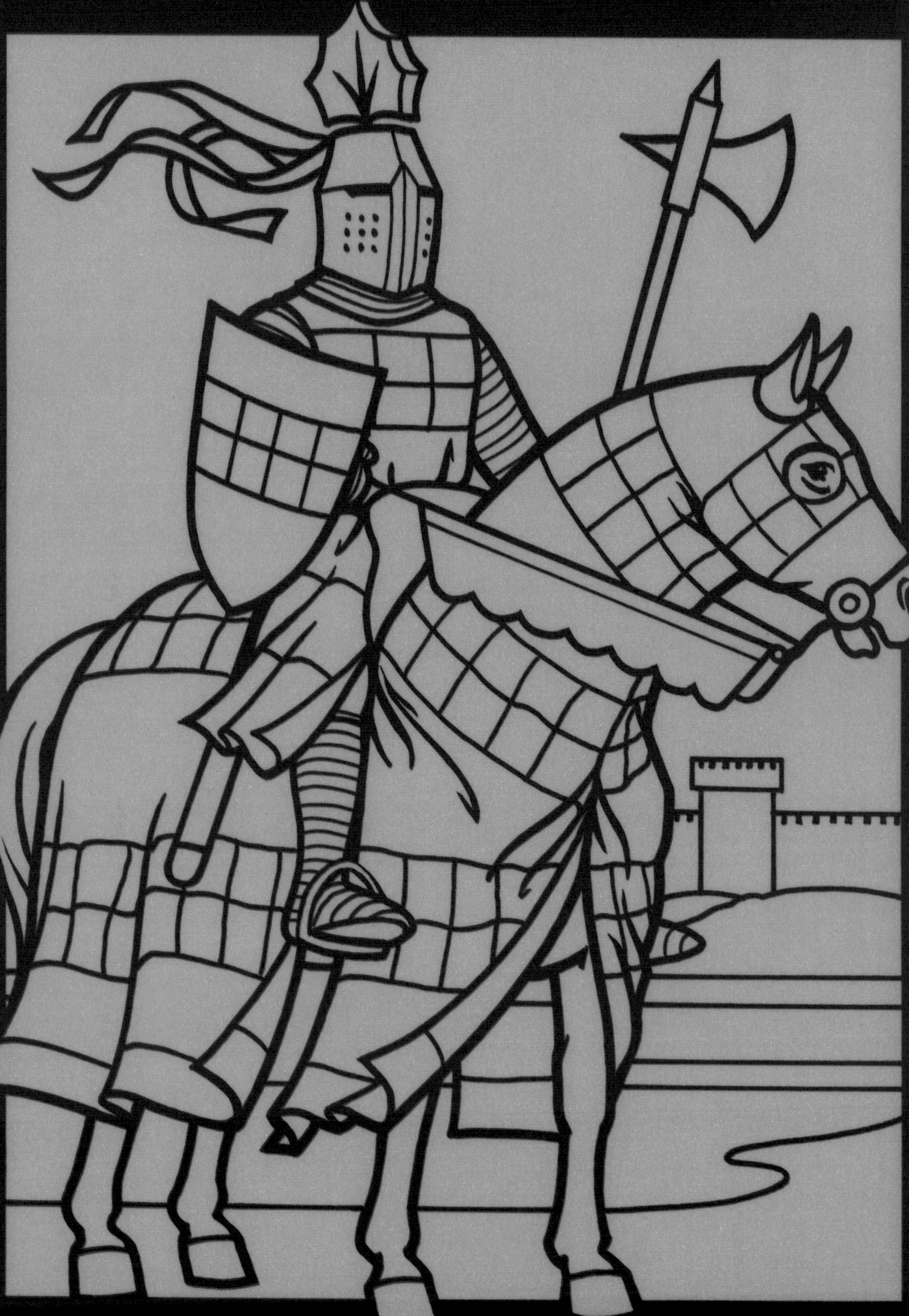

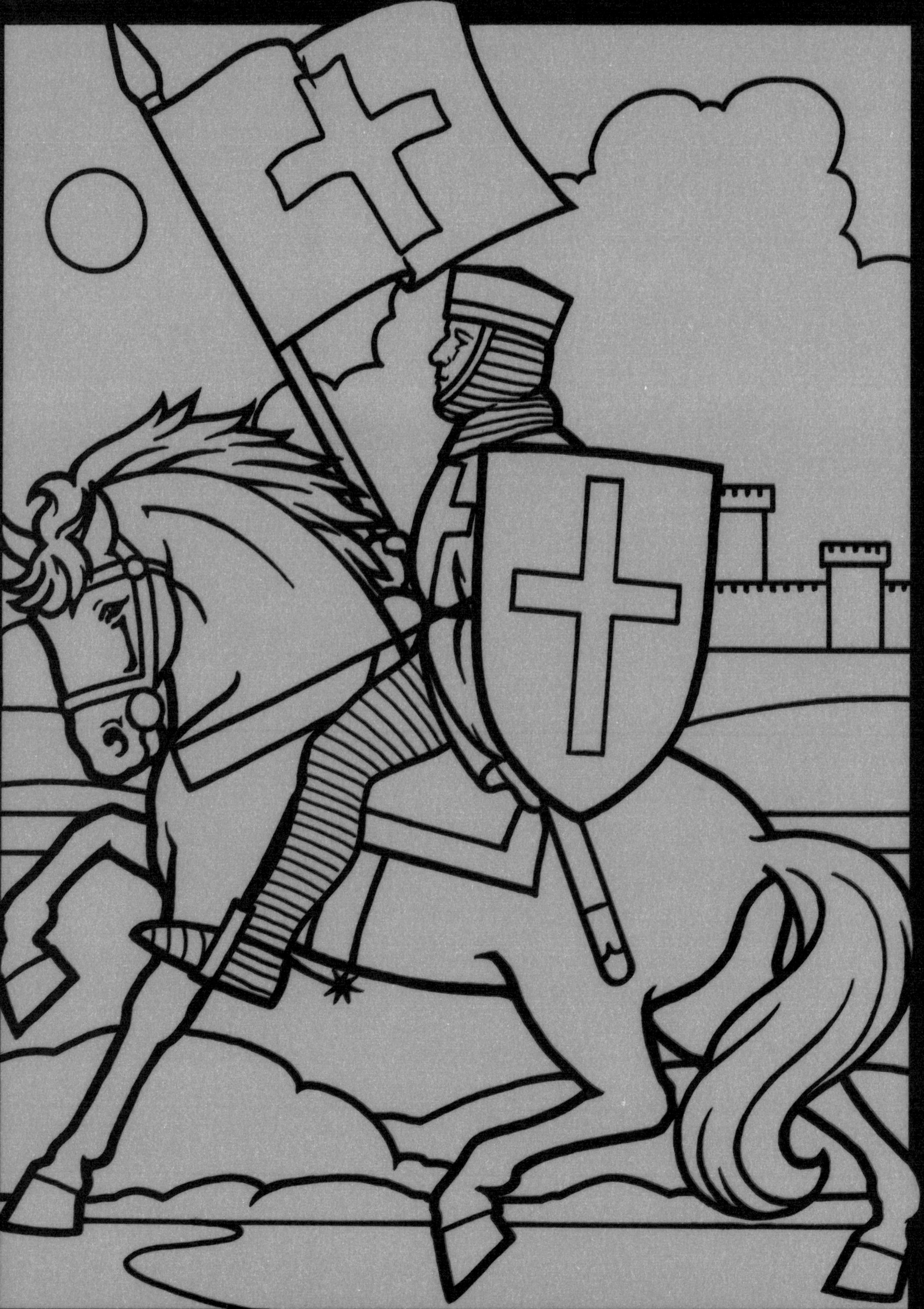

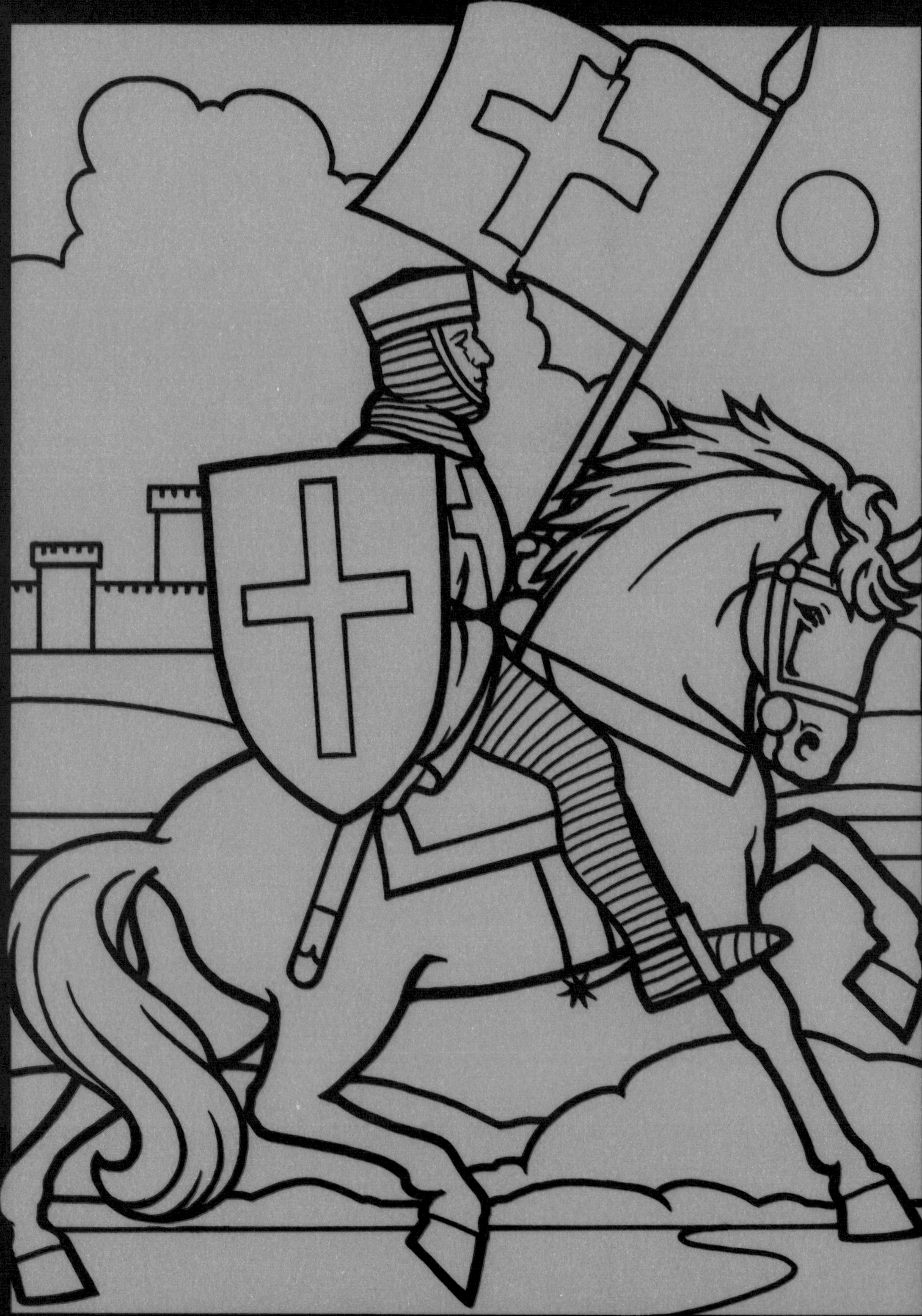